AF220075

Impressum
Verlag: BABADADA GmbH, Nedderfeld 112 , 22529 Hamburg
Geschäftsführer / Verlagsleitung: Harald Hof
Druck: Books on Demand GmbH, In de Tarpen 42, 22848 Norderstedt

Imprint
Publisher: BABADADA GmbH, Nedderfeld 112 , 22529 Hamburg, Germany
Managing Director / Publishing direction: Harald Hof
Print: Books on Demand GmbH, In de Tarpen 42, 22848 Norderstedt, Germany

សាលារៀន
trường học

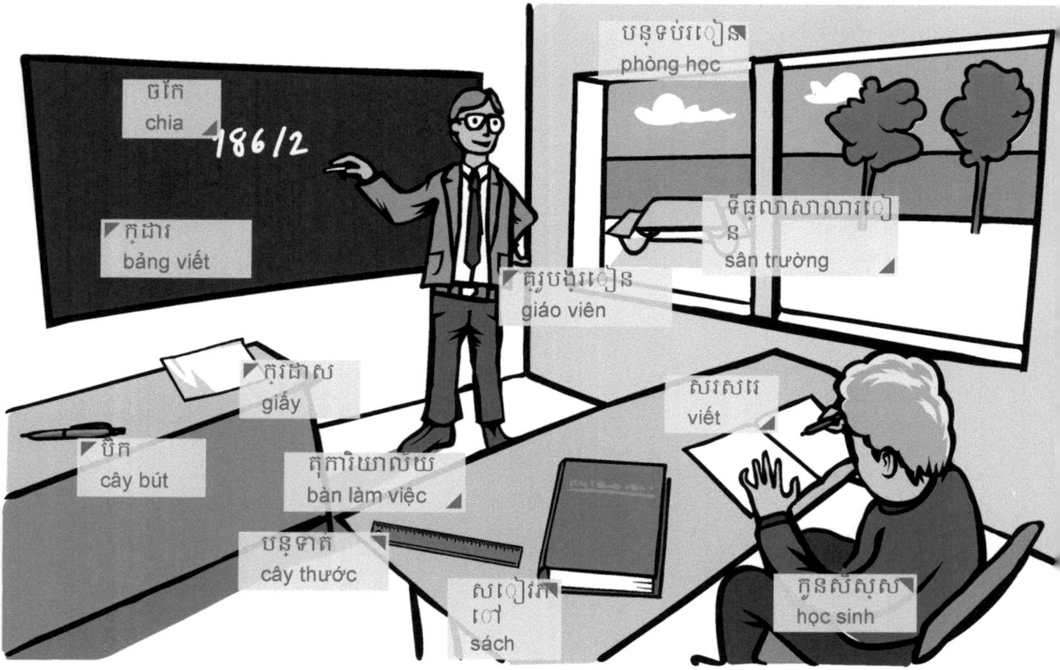

បន្ទប់រៀន
phòng học
ចែក
chia
186/2
ក្ដារ
bảng viết
ទីធ្លាសាលារៀន
sân trường
គ្រូបង្រៀន
giáo viên
ក្រដាស
giấy
សរសេរ
viết
ប៊ិក
cây bút
តុការិយាល័យ
bàn làm việc
បន្ទាត់
cây thước
សៀវភៅ
sách
កូនសិស្ស
học sinh

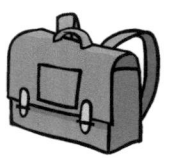

សម្ពៀតស្បែក

cặp đeo vai học sinh

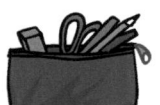

ប្រអប់ដាក់ខ្មៅដៃ

hộp đựng bút

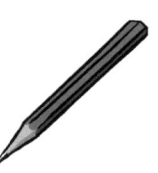

ខ្មៅដៃ

bút chì

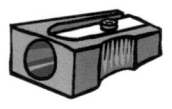

ប្រដាប់ខួងខ្មៅដៃ

cái gọt bút chì

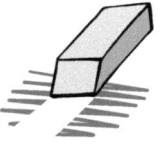

ជ័រលុប

cục tẩy

ផ្ទាំងគំនូរ

tập giấy vẽ

គំនូរ

bản vẽ

ជក់គូរ

cọ vẽ

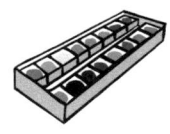

ប្រអប់ថ្នាំលាប

hộp mực vẽ

កន្ត្រៃ

cây kéo

ការបិទ

keo dán

សៀវភៅលំហាត់

sách bài tập

កិច្ចការផ្ទះ

bài tập ở nhà

12

លេខ

số

2+2

បូក

cộng

5-2

ដក

trừ

2×2

គុណ

nhân

គណនា

tính toán

A

លិខិត

chữ cái

ABCDEFG HIJKLMN OPQRSTU VWXYZ

អក្ខរក្រម

bảng chữ cái

hello

ពាក្យ

từ

សាលារៀន - trường học

អត្ថបទ

văn bản

អាន

đọc

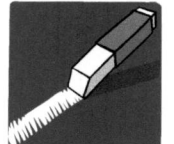

ដីស

phấn viết

មេរៀន

bài học

ចុះឈ្មោះ

sổ lớp

ការប្រលង

thi kiểm tra

វិញ្ញាបនបត្រ

chứng chỉ

ឯកសណ្ឋានសាលា

đồng phục học sinh

ការអប់រំ

giáo dục

សព្វវចនាធិប្បាយ

từ điển bách khoa

សាកលវិទ្យាល័យ

đại học

មីក្រូទស្សន៍

kính hiển vi

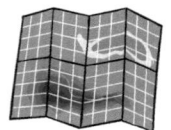

ផែនទី

bản đồ

កន្ត្រករដាក់សំរាមក្រដាស

thùng rác giấy

ការធ្វើដំណើរ

du lịch

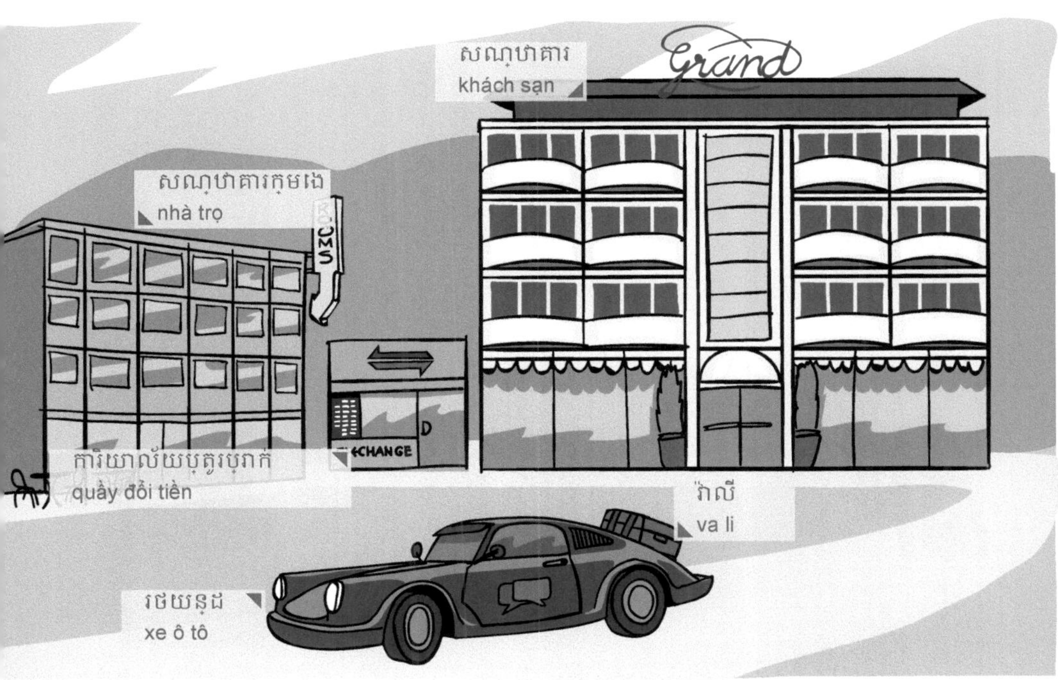

សណ្ឋាគារ
khách sạn
Grand
សណ្ឋាគារក្មេង
nhà trọ
ROOMS
EXCHANGE
ការិយាល័យប្តូរប្រាក់
quầy đổi tiền
វ៉ាលី
va li
រថយន្ត
xe ô tô

ភាសា

ngôn ngữ

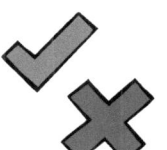

បាទ / ទេ

có / không

យល់ព្រម

ô kê

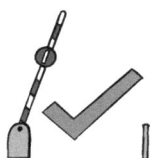

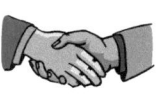

សាយ័ន្តសួស្តី!

Xin chào

អ្នកបកប្រែ

thông dịch viên

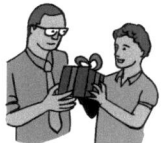

សូមអរគុណ

cám ơn

ចូលប៉ុន្មាន... ?

... bao nhiêu tiều?

ខ្ញុំមិនយល់

tôi không hiểu

បញ្ហា

vấn đề

ទិវាសួស្តី!

Xin chào! (buổi tối)

អរុណសួស្តី

xin chào! (buổi sáng)

រាត្រីសួស្ដី!

chúc ngủ ngon!

លាហើយ

tạm biệt

ទិសដៅ

hướng đi

អីវ៉ាន់

hành lý

កាបូប

túi xách

កាបូបស្ពាយកុរ�ោយ

túi ba lô

ក្ញញ្ចៀវ

khách

បន្ទប់

phòng

ថង់ដេក

túi ngủ

តង់

lều

ព័ត៌មានទេសចរណ៍

thông tin du lịch

ឆ្នេរ

bãi biển

កាតឥណទាន

thẻ tín dụng

អាហារពេលព្រឹក

ăn sáng

អាហារថ្ងៃត្រង់

ăn trưa

អាហារពេលល្ងាច

ăn tối

សំបុត្រ

vé xe

ជណ្ដើរយន្ត

thang máy

តែម

tem bưu điện

ព្រំដែន

biên giới

គយ

hải quan

ស្ថានទូត

đại sứ quán

ទិដ្ឋាការ

thị thực

លិខិតឆ្លងដែន

hộ chiếu

ការដឹកជញ្ជូន
vận chuyển

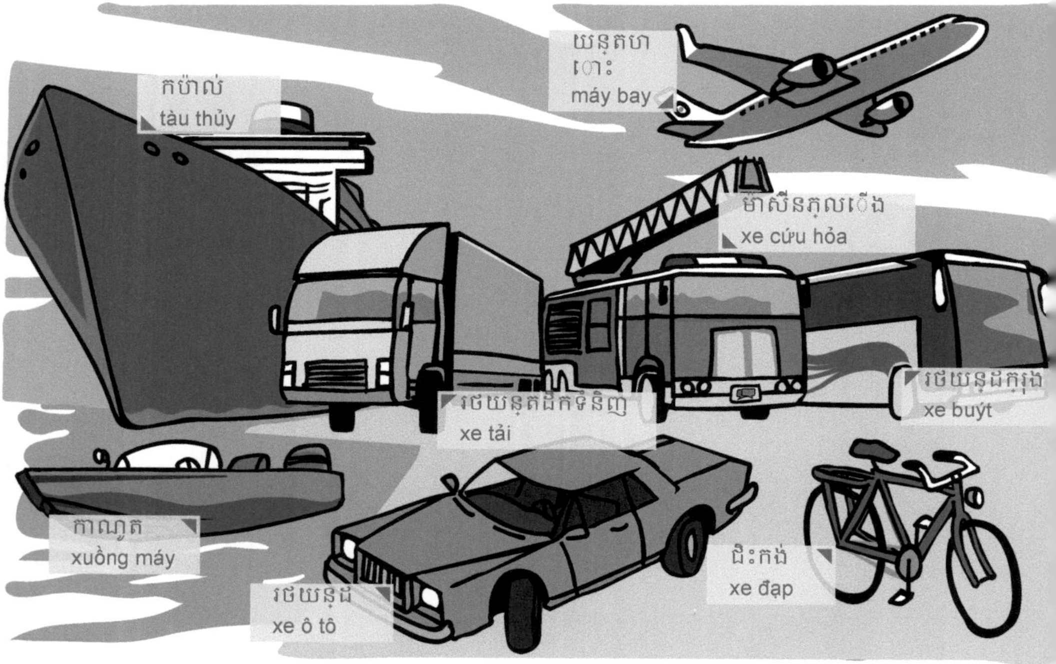

កប៉ាល់
tàu thủy
យន្តហោះ
máy bay
ម៉ាស៊ីនភ្លើង
xe cứu hỏa
រថយន្តដឹកទំនិញ
xe tải
រថយន្តក្រុង
xe buýt
កាណូត
xuồng máy
រថយន្ត
xe ô tô
ជិះកង់
xe đạp

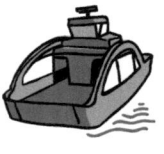

សាឡាង

phà

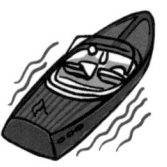

ទូក

xuồng

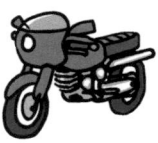

ម៉ូតូ

xe máy

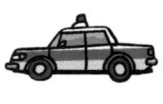

រថយន្តប៉ូលិស

xe cảnh sát

រថយន្តប្រណាំង

xe đua

រថយន្តជួល

xe cho thuê

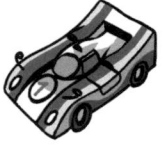

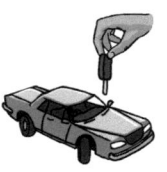

ការជក់វៃលសៃលវៃរថយន្ត

dịch vụ thuê xe tự lái

ឡានសុទ្ច

xe kéo cứu hộ

ឡានបុម្មៃលសំរាម

xe rác

ម៉ូត្យ

động cơ

បុរៃងឥន្ធន:

xăng

ស្ថានីយបុរៃង

trạm xăng

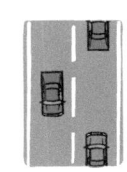

សុលាកសញ្ញាចារចរណ៍

biển báo giao thông

ការធ្វៃរៃចារចរណ៍

giao thông

កកស្ទ:ចារចរណ៍

ách tắc giao thông

ចំណាត

bãi đậu xe

ស្ថានីយរថភ្លៃង

nhà ga

ផ្លូវដៃក

đường ray

រថភ្លៃង

xe lửa

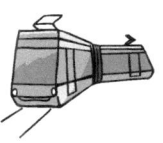

រថអគ្គីសនី

tàu điện

ទូរថភ្លៃង

toa xe

ឧទ្ធម្ភាគចក្រ

máy bay trực thăng

ព្រលានយន្តហោះ

sân bay

ប៉ម

tháp

អ្នកដំណើរជើរ

hành khách

កុងតឺន័រ

côngtenơ

ករដាសកាតុង

thùng các-tông

រទេះ

xe đẩy

កញ្ចប់

cái giỏ

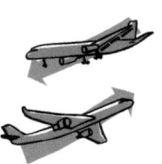

ហោះឡ្បេីង / ចុះ

cất cánh / hạ cánh

ទីក្រុង
thành phố

ភូមិ

làng

កណ្ដាលទីក្រុង

trung tâm thành phố

ផ្ទះ

nhà

រោងកាពយន្ត
rạp chiếu phim

ការផ្សព្វផ្សាយ
quảng cáo

ចង្កៀងតាមដងផ្លូវ
đèn đường

CINEMA

ផ្លូវ
đường phố

តាក់ស៊ី
taxi

ហាងអាហារសម្រន់
quán ăn nhẹ

អ្នកថ្មើរជើង
người đi bộ

ចិញ្ចើមផ្លូវ
vỉa hè

ឆ្លងកាត់
ngã tư giao th

គំនូសឆ្លងកាត់
phần đường có vạch cho người đi bộ

ធុង
thùng rác lớn

ភ្លើងសញ្ញាចរាចរណ៍
đèn hiệu giao thông

ខ្ទម
nhà chòi

ផ្ទះល្វែង
căn hộ

ស្ថានីយរថភ្លើង
nhà ga

សាលាក្រុង
tòa thị chính

សារមន្ទីរ
viện bảo tàng

សាលារៀន
trường học

សាកលវិទ្យាល័យ

đại học

ធនាគារ

ngân hàng

មន្ទីរពេទ្យ

bệnh viện

សណ្ឋាគារ

khách sạn

ឱសថស្ថាន

hiệu thuốc

ការិយាល័យ

văn phòng

ហាងលក់សៀវភៅ

hiệu sách

ហាង

cửa hiệu

ហាងផ្កា

cửa hiệu bán hoa

ផ្សារទំនើប

siêu thị

ទីផ្សារ

chợ

ហាងទំនិញ

cửa hàng bách hóa

ហាងលក់ត្រី

người bán cá

មជ្ឈមណ្ឌលផ្សារទំនើ

trung tâm mua bán

កំពង់ផែ

bến cảng

ឧទ្យាន
công viên

បង្គ់
ghế băng

ស្ពាន
cầu

ជណ្ដើរ
cầu thang

ផ្លូវរថភ្លើងក្រោមដី
tàu điện ngầm

ផ្លូវរថភ្លើងក្រោមដី
đường hầm

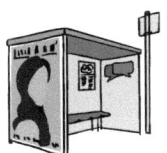

ចំណតរថយន្តក្រុង
trạm xe buýt

បារ
quán bar

ភោជនីយដ្ឋាន
khách sạn

ប្រអប់សំបុត្រ
hòm thư công cộng

សញ្ញាតាមដងផ្លូវ
bảng hiệu đường

ឧបករណ៍បូមមួលផ្លូវចំណត
đồng hồ đậu xe

សួនសត្វ
vườn bách thú

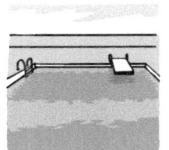

អាងហាលែទឹក
bể bơi

វិហារអ៊ីស្លាម
nhà thờ Hồi giáo

កសិដ្ឋាន

nông trại

ការបំពុល

ô nhiễm môi trường

វាលកប់ខ្មោច

nghĩa trang

ព្រះវិហារ

nhà thờ

គ្រឿងវេងអេលកុមេងេលេង

sân chơi

បុរសាទ

ngôi đền

ទេសភាព

phong cảnh

ស្លឹក
lá cây

សញ្ញាបុរាប់ទិសដេ
bảng chỉ đường

ផ្លូវ
lối đi

វាលស្មៅ
បៅ
bãi cỏ

ដុំថ្ម
hòn đá

ដើមឈើ
ឈៃ
cây

អ្នកឡេ្រ្យវេងភ្លួន
người đi bộ đường dài

ទន្លេ
sông

ស្មៅ
cỏ

ផ្កា
bông hoa

ជ្រលងភ្នំ

thung lũng

កូនភ្នំ

đồi

បឹង

hồ nước

ព្រៃឈើ

rừng

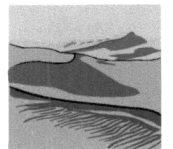

វាលខ្សាច់

sa mạc

ភ្នំភ្លើង

núi lửa

គតោកុរបី

lâu đài

ផ្កាយធ្នូ

cầu vồng

ផ្សិត

nấm

ដើមត្នោត

cây cọ

មូស

con muỗi

រុយ

con ruồi

ស្រមោច

con kiến

សត្វឃ្មុំ

con ong

ពីងពាង

con nhện

សត្វកញ្ចៅ

bọ cánh cứng

កង្កែប

con ếch

កំប្រុក

con sóc

សត្វកំប្រមា

con nhím

ទន្សាយសុលឹក

con thỏ

សត្វទីទុយ

con cú

បក្សី

con chim

ហង្ស

thiên nga

ជ្រូក

heo rừng

សត្វក្តាន់

con hươu

សត្វក្តាន់

nai sừng tấm

ទំនប់

đê

កង្ហារខ្យល់

tuabin gió

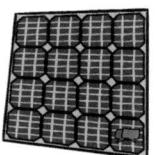

បន្ទះស្វ៊ឡា

tấm năng lượng mặt trời

អាកាសធាតុ

khí hậu

ភោជនីយដ្ឋាន
khách sạn

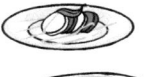

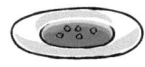

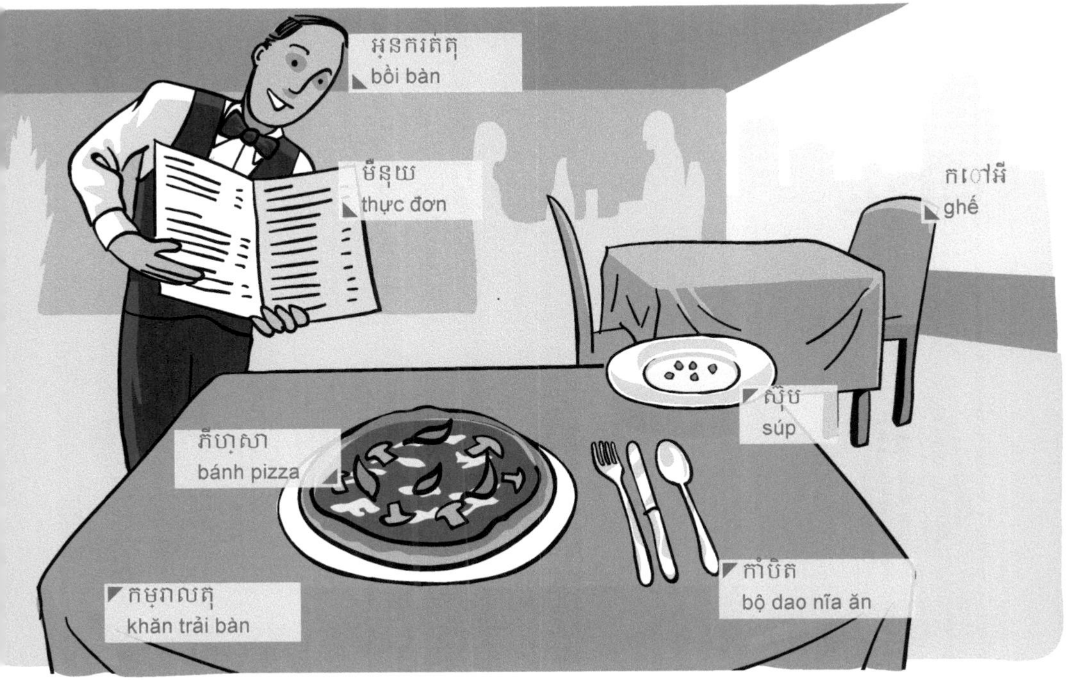
អ្នករត់តុ
bồi bàn
ម៉ឺនុយ
thực đơn
កៅអី
ghế
ស៊ុប
súp
ភីហ្សា
bánh pizza
កាំបិត
bộ dao nĩa ăn
កម្រាលតុ
khăn trải bàn

អាហារសម្រន់
....
món ăn khai vị

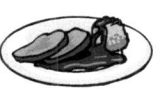

អាហារសំខាន់
....
món ăn chính

បង្អែម
....
món tráng miệng

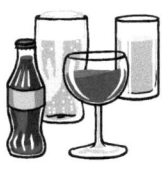

ភេសជ្ជៈ
....
thức uống

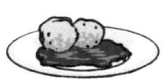

អាហារ
....
thức ăn

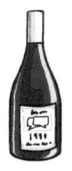

ដប
....
cái chai

អាហារបរហ័ស
thức ăn nhanh

អាហារតាមផ្លូវ
thức ăn đường phố

ប៉ាន់តៃ
ấm trà

ប្ររអប់ស្ករ
hộp đường

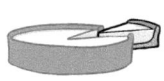

ចំណកៃ
khẩu phần

ម៉ាស៊ីនឲ្យកាហ្វេអ៊ីចស្ពុរ
máy pha espresso

កវេអីខ្ពស់
ghế cao

វិក្កយបត្រ
hóa đơn

ថាស
khay

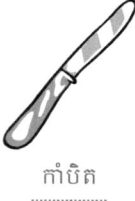

កាំបិត
dao

សម
nĩa

ស្លាបព្រា
thìa

ស្លាបព្រាកាហ្វេ
thìa uống trà

កន្សងៃជូតខ្លួន
khăn ăn

កវៃ
cốc thủy tinh

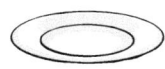

ចានទាប

đĩa

ចានស៊ុប

đĩa súp

ចានទុរនាប់

đĩa lót cốc

ទឹកជ្រលក់

nước sốt

ដបអំបិល

lọ muối

ប្ររជាប់កិនម្រេច

cái xay tiêu

ទឹកខ្មេះ

giấm

ប្ររេង

dầu

គ្ររៀងទេស

gia vị

ទឹកប់ងប់ពោះ

nước xốt cà chua

ម៉្តាក

tương hạt cải

ទឹកមយ៉ោណារ

nước sốt mayonnaise

ផ្សារទំនើប

siêu thị

ការផ្តល់ជូនពិសេស
chào giá đặc biệt
FOR
អតិថិជន
khách hàng
ទឹកដោះគោ
sản phẩm từ sữa
ផ្លែឈើ
trái cây
រទេះរុញ
xe đẩy mua sắm

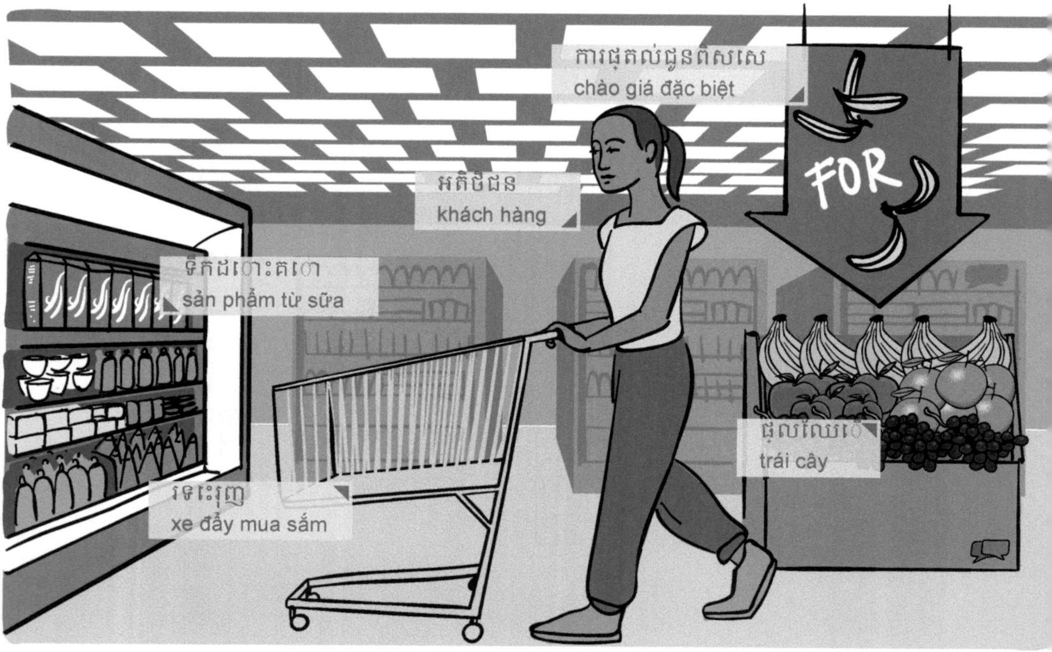

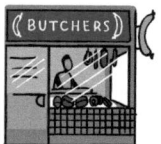

BUTCHERS

ហាងកាប់ជ្រូក

lò mổ

BAKERY

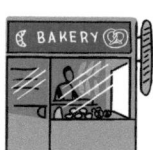

ហាងដុតនំ

cửa hiệu bán bánh mì

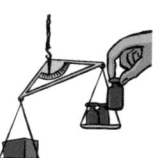

ថ្លឹង

cân nặng

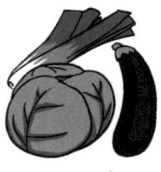

បន្លែ

rau quả

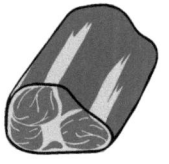

សាច់

thịt

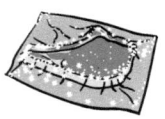

អាហារកុលាស្សរ

thức ăn đông lạnh

សាច់ក្លាសរ
lát thịt nguội

អាហារកំប៉ុង
đồ hộp

មុសទៅណង
bột giặt

សុអរគ្គរប់
đồ ngọt

ផលិតផលក្នុងគ្រួសារ
sản phẩm dùng trong gia đình

ផលិតផលសមុអាត
chất tẩy rửa

អ្នកលក់
người bán hàng

ចិតដាក់លុយ
quầy trả tiền

បង្ខោ
nhân viên thu ngân

បញ្ជីទិញទំនិញ
danh sách mua sắm

ម៉ោងធ្វើការ
giờ mở cửa

កាប្បូបលុយបុរស
ví tiền

កាតឥណទាន
thẻ tín dụng

ថង់
túi đeo

ថង់បុលាសុទិច
túi ny lông

ផ្សារទំនើប - siêu thị

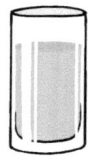

ទឹក

nước

ទឹកផ្លែឈើ

nước quả ép

ទឹកដោះគោ

sữa

កូកាកូឡា

coca-cola

ស្រា

rượu vang

ស្រាបៀរ

bia

គ្រឿងស្រវឹង

cồn

កាកាវ

cacao

តែ

trà

កាហ្វេ

cà phê

កាហ្វេអេិចស្ព្រេស្សូ

espresso

កាហ្វេកាពូឈីណូ

cappuccino

ចេក

chuối

ផ្លែប៉ោម

quả táo

ផ្លែក្រូច

quả cam

ឪឡឹក

dưa hấu

ក្រូចឆ្មា

chanh

ការ៉ុត

cà rốt

ខ្ទឹម

tỏi

ប្រសុី

tre

ខ្ទឹមបារាំង

củ hành

ផ្សិត

nấm

គ្រាប់ផ្លែឈើ

hạt dẻ

មី

mì

មីអ៊ីតាលី

mì spaghetti

ហាយ

cơm

សាឡាត់

xà lách

ដំឡូងចៀន

khoai tây chiên

ដំឡូងចៀន

khoai tây chiên

ភីហ្សា

bánh pizza

បឺហ្គឺ

bánh hamburger

សាំងវិច

bánh mì sandwich

សាច់ជាប់ឆ្អឹងជំនី

thịt côtlet

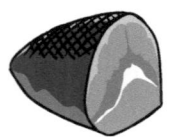

ហាំ

thịt giăm bông

សាឡាមី

xúc xích

សាច់ក្រក

dồi

សាច់មាន់

gà

អាំង

rán

ត្រី

cá

អាវ៉ែនបបរ

cháo yến mạch

មុឡ្ស៊ុលី

cháo muesli

ដំឡូងចំណិត

bánh bột ngô nướng

មុសរ៉ៅ

bột mì

នំគ្រូសង់

bánh sừng bò

នំប៉ុងមុយ៉ាងមូលគួចៗ

bánh mì

នំប៉ុង

bánh mì

អាំង

bánh mì nướng

នំប៊ីស្គី

bánh bích quy

ប៊ីរ

bơ

ទឹកដោះខាប់

sữa đông

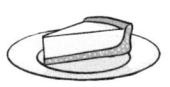

នំខេក

bánh ngọt

ស៊ុត

trứng

ស៊ុតចៀន

trứng rán

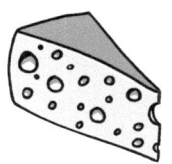

ឈីស

pho mát

ការ៉េម

kem

ស្ករ

đường

ទឹកឃ្មុំ

mật ong

ជំណាប់

mứt

ការ៉ែ

kem nougat

ការី

cà ri

ផ្ទះទុកនៅក្នុងកសិដ្ឋាន
nhà nông trại

ជង្រុក
nhà vựa

ខ្ចប់ចែងចម្បបើ្ង
kiện rơm

សះ
con ngựa

របបៀរ្រ
cánh đồng

រថសណ្ដជ្ចៀង
xe moóc

កូនសឡ
ngựa con

តុវកតម្ទ
máy kéo

សត្វលោ
con lừa

កូនចៀម
cừu con

សត្វចៀម
con cừu

ពពែ
con dê

តពោញ្ញ
con bò

កូនតោ
con bê

ជ្រូក
con lợn

កូនជ្រូក
lợn con

តោឈ្មមោល
bò đực

សត្វក្ងាន

con ngỗng

ទា

con vịt

កូនមាន់

gà con

មមាន់

gà mái

មាន់ឈ្មោល

gà trống

កណ្ដុរ

con chuột

ឆ្មា

mèo

កណ្ដុរប្របមេះ

chuột nhắt

គោឈ្មោល

bò đực

ឆ្កែ

con chó

ផ្ទះឆ្កែ

nhà chuồng chó

ទុយោទឹក

ống tưới vườn cây

ធុងស្រោចទឹក

thùng tưới cây

ខូវែបក

lưỡi hái

នង្គ័ល

cái cày

កណ្ដៀវ

cái liềm

ចបកាប់

cái cuốc

នោស់

cái chĩa

ពូថៅ

cái rìu

រទេះរុញ

xe cút kít

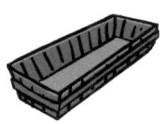

ស្នុក

máng ăn

កំប៉ុងទឹកដោះគោ

lọ sữa

ហារ

bao tải

របង

hàng rào

គុករោល

chuồng

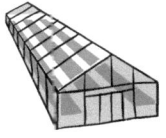

ផ្ទះកញ្ចក់

nhà kính trồng cây

ដី

đất trồng

គ្រាប់ពូជ

hạt giống

ជី

phàn bón

ម៉ាស៊ីនប្រមូលផល

máy gặt đập liên hợp

ប្របមូលផល

thu hoạch

ការប្របមូលផល

mùa thu hoạch

ដំឡូងជ្វា

khoai lang

ស្រូវសាលី

lúa mì

សណ្តែកសៀង

đậu nành

ដំឡូងជ្វា

khoai tây

ពោត

ngô

គ្រាប់ប្ររ៉ង់រ៉ៃប

hạt cải dầu

ដើមឈើហូបផ្លៃ

cây ăn trái

ដំឡូងមី

sắn

ចញ្ញជាតិ

ngũ cốc

បំពង់ផ្សែង
ống khói

ដំបូល
mái nhà

ទុយបង្ហូរទឹក
ống máng mước mưa

បង្អួច
cửa sổ

ហ្គារ៉ាស
ga ra

កណ្ដឹងទ្វារ
chuông cửa

ទ្វារ
cửa

ធុងសំរាម
thùng rác

បុរអប់សំបុត្រ
hòm thư

សួនច្បារ
vườn

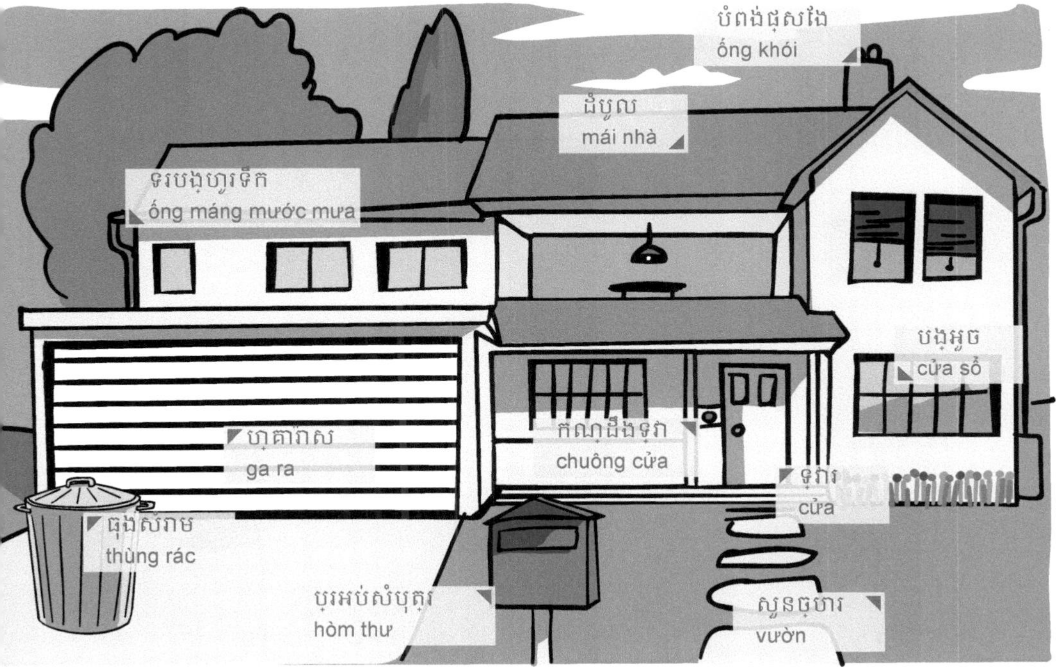

បន្ទប់ទទួលភ្ញៀវ
phòng khách

បន្ទប់ទឹក
phòng tắm

ផ្ទះបាយ
bếp

បន្ទប់គេង
phòng ngủ

បន្ទប់របស់កុមារ
phòng trẻ em

បន្ទប់ទទួលទានអាហារ
phòng ăn

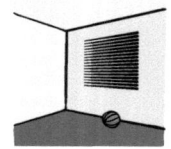

ជាន់

nền nhà

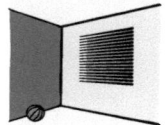

ជញ្ជាំង

tường

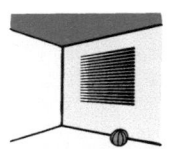

ពិដាន

trần nhà

បន្ទប់ក្រោមដី

tầng hầm

សូណា

tắm hơi

យ៉ែរ

ban công

ផ្ទៃវាបសុមឈើនទៅជមុរល ក្នុំ

sân hiện

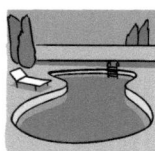

អាងហាលែទឹក

bể bơi

ម៉ាស៊ីនកាត់សុមទៅ

máy cắt cỏ

សនុលឹក

khăn trải giường

កម្រាលគ្រែវែគែ

khăn trải giường

គ្រែ

giường

អំបោស

chổi

ធុង

cái xô

កុងតាក់

công tắc điện

បន្ទប់ទទួលភ្ញៀវ
phòng khách

ផ្ទាំងរូបភាព
giấy dán tường
រូបភាព
hình ảnh
ចង្កៀង
đèn
ធ្នើ
cái kệ
ទូដាក់ចាន
tủ
ទូរទស្សន៍
ti vi
ជើងក្រានកម្ដៅផ្ទះ
lò sưởi
ផ្កា
bông hoa
ខ្នើយ
gối
សាឡុង
ghế sofa
ថូ
bình hoa
ការបញ្ជាពីចម្ងាយ
điều khiển từ xa

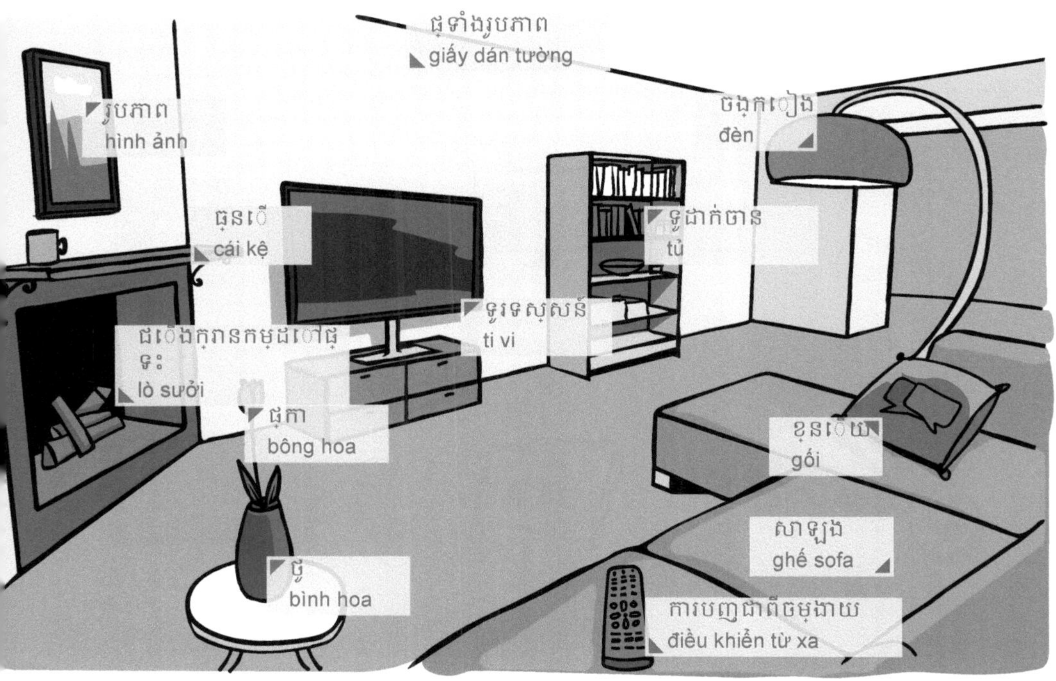

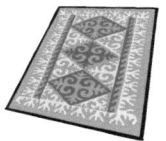

កម្រាលព្រំ

thảm

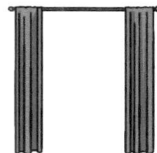

វាំងនន

rèm

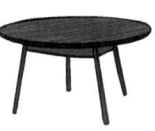

តុ

cái bàn

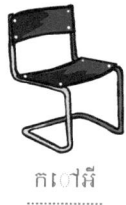

កៅអី

ghế

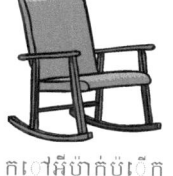

កៅអីប៉ាក់ប៉ើក

ghế bập bênh

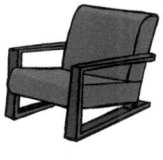

កៅអីភ្នាក់ដៃ

ghế bành

សៀវភៅ
sách

ភួយ
cái chăn

ការតុបតែង
đồ trang trí

អុសដុត
củi

ខុសភាពយន្ត
phim

ឧបករណ៍ Hi-Fi
máy hi-fi

កូនសោ
chìa khóa

កាសែត
báo

គំនូរ
bức tranh

ផ្ទាំងរូបភាព
áp phích

វិទ្យុ
radio

ណូតជគតែ
sổ ghi chép

ម៉ាស៊ីនបូមធូលី
máy hút bụi

ដំបងយក្ស
cây xương rồng

ទៀន
cây nến

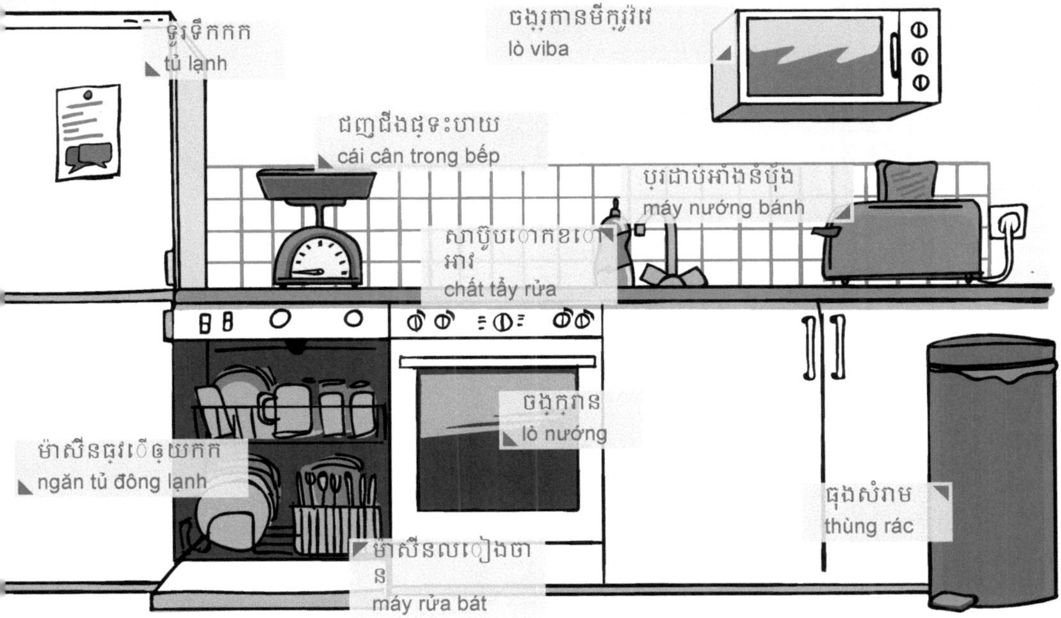

ទូទឹកកក
tủ lạnh

ចង្រ្កានមីក្រូវ៉េវ
lò viba

ជញ្ជីងផ្ទះបាយ
cái cân trong bếp

បុរដាបអាំងនំប៉័ង
máy nướng bánh

សាប៊ូបោកខោអាវ
chất tẩy rửa

ចង្ក្រាន
lò nướng

ម៉ាស៊ីនធុរ៉េវ៉ែយកក
ngăn tủ đông lạnh

ធុងសំរាម
thùng rác

ម៉ាស៊ីនលៀងចាន
máy rửa bát

ចង្ក្រាន
lò nấu

ឆ្នាំង
nồi

ឆ្នាំងដែក
nồi sắt

ខ្ទះ / ខ្ទះផ្សិតខ្មៅ
chảo

ខ្ទះ
chảo

កំសៀរ
ấm đun nước

ឆ្នាំងចំហុយ

nồi đun hơi

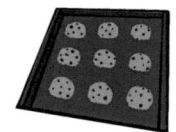

ថាសដុតនំ

khay lò nướng

គរេៀងចានឆ្នាំងដី

bát đĩa

ថ្

cốc

ចានតពេម

cái bát

ចង្កឹះ

đũa

វែកសមុល

cái vá

វែកកូរ

bàn xẻng

បុរដាប់វាយកុរឡេក

que đánh kem

តម្រង

rây dùng trong bếp

កន្ទ្រង

cái rây lọc

បុរដាប់កពេសដុង

cái nạo

គុហាល់

vữa

ការអាំងសាច់

vỉ nướng

ចង្ក្រានចំហា

ngọn lửa trần

ផ្ទះបាយ - bếp

ជូរញ្ជៀ
cái thớt

បុរដោប់កិនម្សៅ
trục cán bột

បុរដោប់មូររបើកឧនុកសុរា
cái mở nút chai

កំប៉ុង
vỏ đồ hộp

បុរដោប់បើកកំប៉ុង
cái mở vỏ đồ hộp

ក្រណាត់ទ្រាប់ឆ្នាំង
miếng nhắc nồi

កន្លែលាងចាន
bồn rửa bát

ជក់
bàn chải

អប្រ៉ុង
miếng xốp

ម៉ាសីនកួឡេក
máy xay

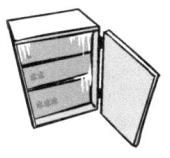

ទូរទឹកកកខ្សាត់តួច
tủ đông lạnh

ដបទឹកដរោះតៅ
bình sữa cho trẻ sơ sinh

រ៉ូប៊ីណេ
vòi nước

ផ្កាឈូក
vòi hoa sen

កម្មដៅៅ
lò sưởi

កន្សែង
khăn lau

រាំងននង្គតទឹកផ្កាឈូក
rèm che ngăn tắm

ការងូតទឹកកណ្ដុ
tắm bọt

អាងងូតទឹក
bồn tắm

កែវ
cốc thủy tinh

ម៉ាស៊ីនបោកគក់
máy giặt

រ៉ូប៊ីណេ
vòi nước

កូរទ្បាក្របឿង
gạch lát

ចានបង្គន់
cái bô

កន្សែងដៃលាងចាន
bồn rửa bát

បង្គន់

bồn cầu

បង្គន់អង្គុយ

bồn cầu ngồi xổm

ផរេងផមុរេកាយ

bồn rửa hậu môn

បន្ទប់បង្គន់

កុលំទឹកនរោម

bồn tiểu tiện

ករដាសបង្គន់

giấy vệ sinh

ច្រាសដុសបង្គន់ន

bàn chải cọ bồn cầu

ច្រាសដុសធ្មេញ

bàn chải đánh răng

ថ្នាំដុសធ្មេញ

kem đánh răng

ខ្សែទាក់សម្អាតធ្មេញ

chỉ nha khoa

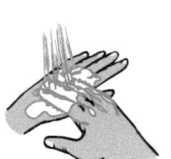

លាង

rửa

បូរដាប់ដាក់ដៃផ្កាឈូក

vòi sen cầm tay

ទឹកថ្នាំសម្អាប់ហញ្ញលាង

vòi rửa hậu môn

អាង

bồn rửa

ច្រាសដុសខ្នង

bàn chải cọ lưng

សាប៊ូ

xà phòng

ដៃលេសម្អាប់ង្គុតទឹកផ្កាឈូក

sữa tắm

សាប៊ូ

dầu gội

សក្លាត

khăn cọ để tắm

បំពង់បង្ហូរទឹក

lỗ thoát nước

ក្រែម

kem

ថ្នាំបំបាត់ក្លិនអាក្រក់

chất khử mùi

កញ្ចក់

gương

កញ្ចក់ដៃ

gương tay

បូរដាប់កោរ

dao cạo râu

ហ្ស៊ូមកោរពុកមាត់

kem cạo râu

ទឹកឈ្លោងក្រោយកោរពុកម
ាត់រួច

nước thơm dùng sau khi
cạo râu

ក្រវស

cái lược

ជក់

bàn chải

បូរដាប់សម្ងួតសក់

máy xấy tóc

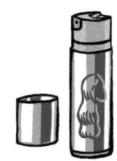

សូពុរាយហាញ់សក់

keo xịt tóc

ការគុបតដែមុខ

đồ trang điểm

ក្រមែលាបមាត់

thỏi son môi

ថ្នាំលាបក្រចក

sơn bôi móng

រោមកប៊ុហាស

bông

កន្ត្រៃកាត់ក្រចក

kéo cắt móng

ទឹកអប់

nước hoa

កាបូបបពោកឥតកំ
....
túi đựng đồ tắm

លាមក
....
ghế đẩu

ជញ្ជីងចុលឹងទមុងន់
....
cái cân

អាពោក់ងូតទឹក
....
áo choàng tắm

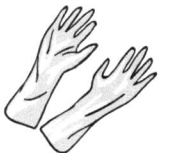

សូរពោមដៃកពៅស្ល៉
....
găng tay làm vệ sinh

ឆ្នុក
....
nút gạc

កន្សដែងអនាម័យ
....
băng vệ sinh

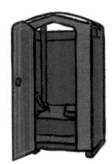

បង្គន់គីមី
....
nhà vệ sinh hóa chất

បន្ទប់របស់កុមារ

phòng trẻ em

នាឡិការោទ៍
đồng hồ báo thức
ប្រដាប់ក្មេងអោបលេង
thú bông
រថយន្តក្មេងលេង
xe đồ chơi
ប្រដាប់អង្រន់លេង
cái lúc lắc
ផ្ទះកូនក្រមុំជ័រ
nhà búp bê
អំណោយ
món quà

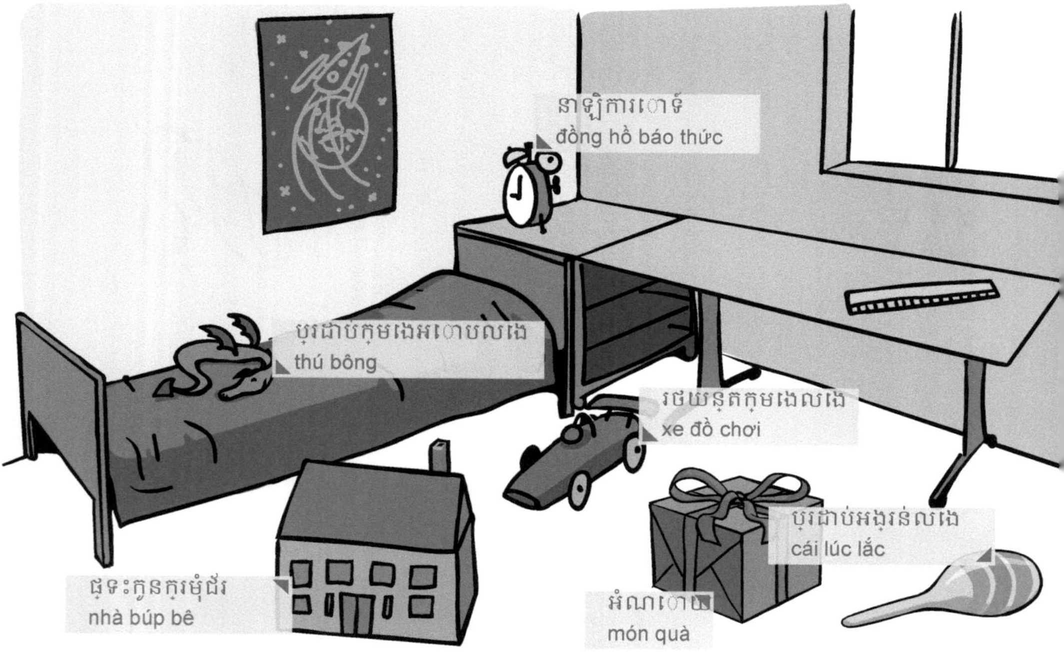

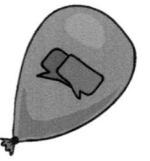

ប៉េងប៉ោង

bong bóng

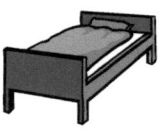

គ្រែ

giường

រទេះរុញទារក

xe nôi

ហ៊្យបៀ

trò chơi bài

រូបផ្គុំ

trò chơi ghép hình

SUPER
MEGA

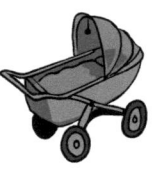

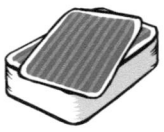

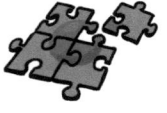

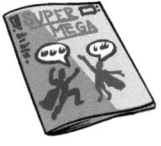

កំប្លែង

truyện tranh

ឥដ្ឋ Lego

gạch Lego

បុល្កកបូរដោប់កុមរៃងលៃង

khối xếp hình

គូលខេសកម្មភាព

nhân vật hành động

ខោអាវទារក

áo liền quần cho trẻ sơ sinh

ការគប់ថាស

đĩa nhựa để ném

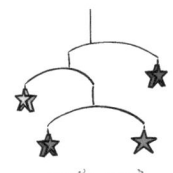

ទូរស័ព្ទជវ័

đồ chơi treo trên giường

កុតារល្បែងៃង

trò chơi cờ bàn

គុរាវ់ឡ្បកឡ្បាក់

xúc xắc

ឈុតរថភ្លលៃ ៃងគំរ

đồ chơi xe lửa mô hình

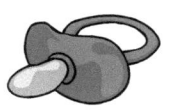

រូបសំណាក

ti giả

គណាបកុស

buổi tiệc

សេៀវៃភៅរូបភាព

sách tranh

ហាល់

quả bóng

កូនកុម្មំគុក្កគា

búp bê

លៃង

chơi

 រណ្ដៅទៅខុសាច់
hố cát

ទទេង
cái đu

ប្រដាប់ក្មេងលេង
đồ chơi

កុងស្សូលវីដេអូហ្គេម
máy chơi game cầm tay

គ្រីចក្រយានយន្ត
xe ba bánh

តុក្កតាខ្លាឃ្មុំ
gấu bông

ទូខោអាវ
tủ quần áo

សម្លៀកបំពាក់
y phục

ស្រោមជើង
bít tất

ស្រោមជើងវែង
bít tất dài

ខោទ្រនាប់នារី
quần tất

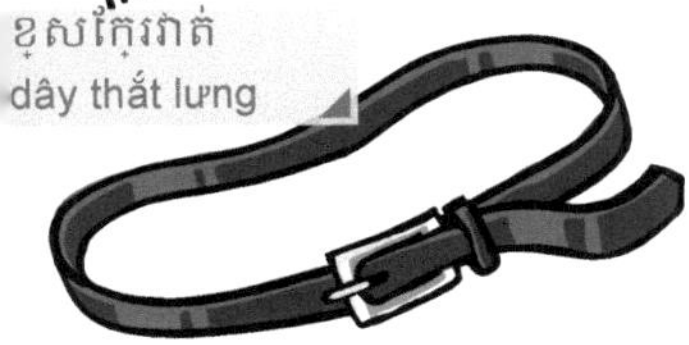

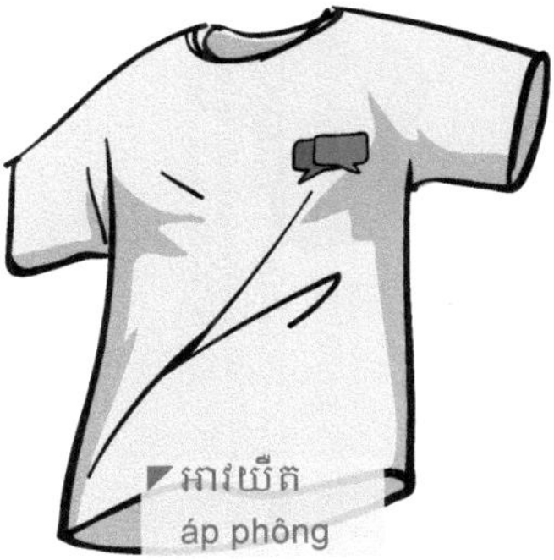

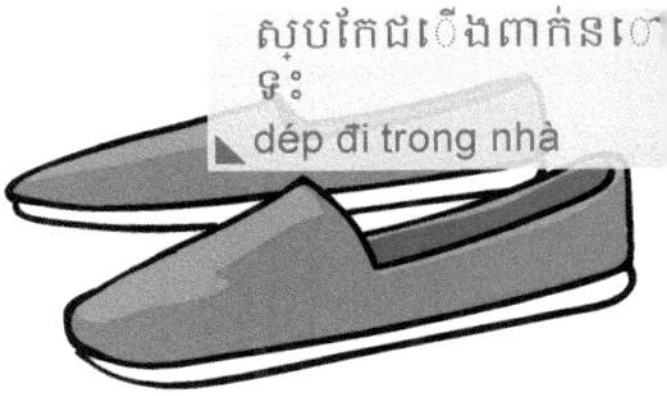

កុម្ម៉ា
khăn choàng cổ

ឆត្រ
ô che mưa

អាវយឺត
áp phông

ខ្សែក្រវ៉ាត់
dây thắt lưng

ស្បែកជើងបាតា
giày sneaker

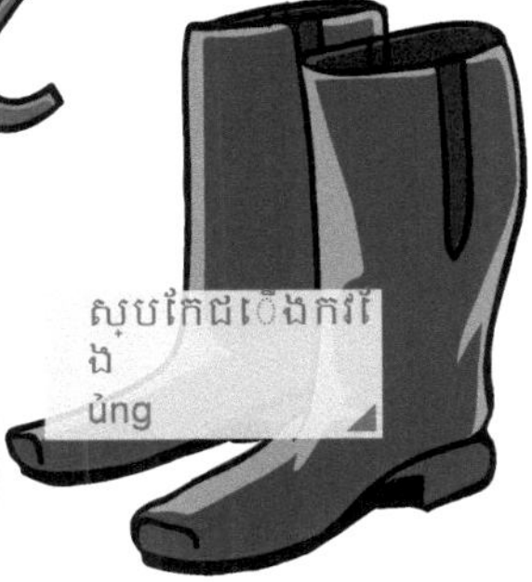

ស្បែកជើងវែង
ủng

ស្បែកជើងពាក់នៅ
ផ្ទះ
dép đi trong nhà

ស្បែកជើងសង្រែក

dép xăng đan

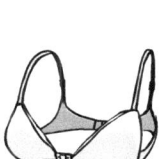

ស្បែកជើង

giày

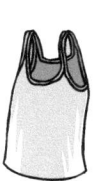

ស្បែកជើងករវែកទៅស៊ូ

ủng cao su

ខោទ្រនាប់បុរស

quần lót

អាវទ្រនាប់

áo ngực

អាវកាក់

áo vest

រាងកាយ

áo ôm sát cơ thể

ខោវៃង

quần dài

ខោខូវបិយ

quần bò

សំពត់

váy

អាវកូរេវៅ

áo cánh

អាវ

áo sơ mi

អាវយឺត

áo len chui đầu

អាវយឺត

áo len

អាវធំ

áo blazer

អាវកូរេវៅ

áo jacket

អាវធំ

áo khoác

អាវកូវេរៀង

áo mưa

គូរេរៀងតៃង

trang phục

អាវរៃង

áo váy

សំលៀកបំពាក់អាពាហ៍ពិពា
ហ៍

áo cưới

ខោអាវឈុត

bộ com lê

រ៉ូបរាត្រី

áo ngủ

ឈុតគង

pijama

សារី

trang phục sari

កន្សែងជូតក្បាល

khăn trùm đầu

ឆ្នួត

khăn đội đầu

ស្បូបម្ប៉ុខ

áo burka

kaftan

áo captan

abaya

áo aba

ឈុតហាលែទឹក

quần áo bơi

ខោខ្លី

quần bơi

ខោខ្លី

quần đùi

ឈុតហាត់កីឡា

quần áo tracksuit

អាវអៀម

tạp dề

ស្រោមដៃ

găng tay

ឡ្យេរអារ

cái cúc

វ៉ែនតា

kính mắt

ខ្សៃដៃ

vòng đeo tay

ខ្សៃក

vòng cổ

ចិញ្ចៀន

nhẫn

ក្រវិល

hoa tai

មួក

mũ lưỡi trai

បុរដោប់ពួយអារក្រុវេទ៍

cái mắc treo áo quần

មួក

mũ

ក្រវាត់ក

cà vạt

រូត

dây kéo phéc mơ tuya

មួកសុវត្ថិភាព

mũ bảo hiểm

ខ្សៃ

dây đeo quần

ឯកសណ្ឋានសាលា

đồng phục học sinh

ឯកសណ្ឋាន

đồng phục

អៀមទារក
......
yếm trẻ em

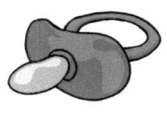

រូបសំណាក
......
ti giả

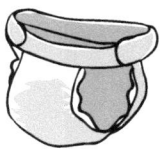

ខោទឹកនោម
......
tã lót

ការិយាល័យ
văn phòng

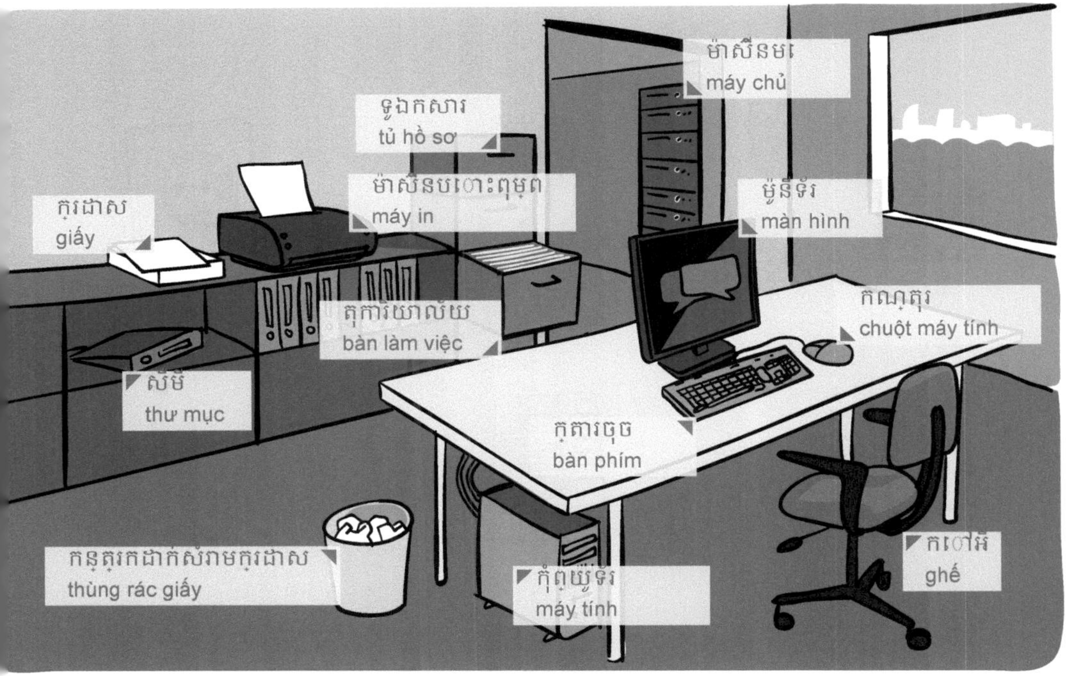

ម៉ាស៊ីនមេ
máy chủ

ទូងកសារ
tủ hồ sơ

ម៉ាស៊ីនបោះពុម្ព
máy in

ម៉ូនីទ័រ
màn hình

កូរដាស
giấy

គុការិយាល័យ
bàn làm việc

កណ្ដុរ
chuột máy tính

សំម៉
thư mục

ក្ដារចុច
bàn phím

កន្ត្រករដាក់សំរាមកូរដាស
thùng rác giấy

កុំព្យូទ័រ
máy tính

កៅអី
ghế

កវែកាហ្វេ
......
cốc cà phê

ម៉ាស៊ីនគិតលេខ
......
máy tính bỏ túi

អ៊ីនធឺណិត
......
internet

កុំព្យូទ័រយួរដៃ

laptop

លិខិត

thư

សារ

tin nhắn

ទូរស័ព្ទដៃ

điện thoại di động

បណ្ដាញ

mạng

ម៉ាស៊ីនថតចម្លង

máy photocopy

សូហ្វវែរ

phần mềm

ទូរស័ព្ទ

điện thoại

រន្ធដោត

ổ cắm điện

ម៉ាស៊ីនទូរសារ

máy fax

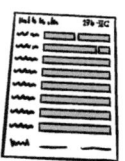

ទម្រង់បែបបទ

mẫu đơn

ឯកសារ

chứng từ

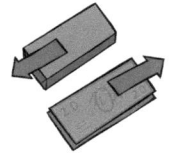

ទិញ

mua

បង់ប្រាក់

trả tiền

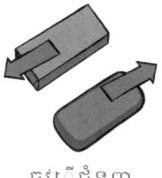

ធ្វើជំនួញ

buôn bán

លុយ

tiền

ប្រាក់ដុល្លារ

đô la

ប្រាក់អឺរ៉ូ

Euro

ប្រាក់យ៉ែន

yên

ប្រាក់រ៉ូប៊ិល

rúp

ហ្វ្រង់ស្វ៊ីស

franc Thụy Sĩ

ប្រាក់យ៉ន

nhân dân tệ

ប្រាក់រូពី

rupi

កន្លែងបូររើសាច់ប្រាក់

máy rút tiền tự động

ការិយាល័យប្តូរប្រាក់
quầy đổi tiền

មាស
vàng

ប្រាក់
bạc

ប្រេង
dầu

ថាមពល
năng lượng

តម្លៃ
giá tiền

កិច្ចសន្យា
hợp đồng

ពន្ធ
thuế

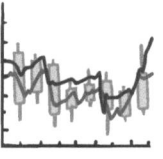

ភាគហ៊ុន
cổ phiếu

ធ្វើការ
làm việc

បុគ្គលិក
nhân viên

និយោជក
chủ lao động

រោងចក្រ
nhà máy

ហាង
cửa hiệu

nghề nghiệp

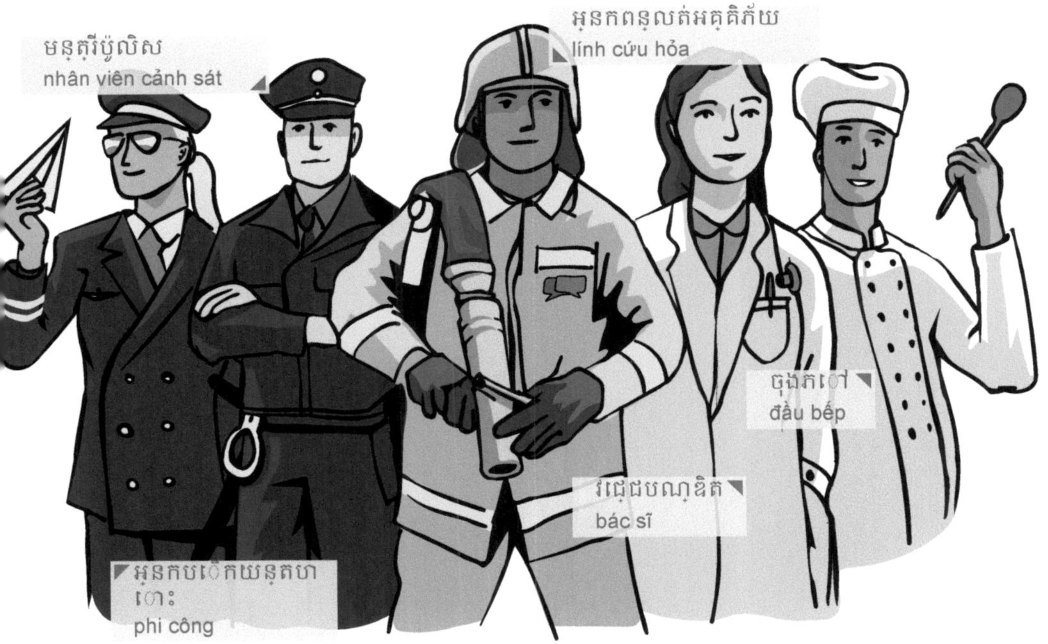
អ្នកពន្លត់អគ្គិភ័យ
lính cứu hỏa
មន្ត្រីប៉ូលិស
nhân viên cảnh sát
ចុងភៅ
đầu bếp
វេជ្ជបណ្ឌិត
bác sĩ
អ្នកបើកយន្តហោះ
phi công

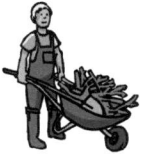

អ្នកថែសួន

người làm vườn

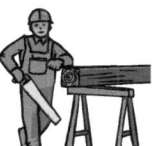

ជាងឈើ

thợ mộc

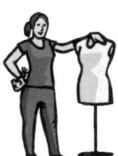

ជាងកាត់ដេរ

thợ may

ចៅក្រម

chánh án

គីមីវិទូ

nhà hóa học

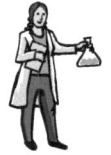

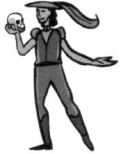

តួកុន

diễn viên

អ្នកបើកឡានក្រុង
tài xế xe buýt

អ្នកបើកតាក់ស៊ី
người lái taxi

អ្នកនេសាទ
ngư dân

សុតុរីអ្នកសមុអាត
người lau dọn vệ sinh

ជាងដំបូល
thợ lợp mái nhà

អ្នករត់តុ
bồi bàn

អ្នកបរបាញ់សត្វ
thợ săn

វិចិត្រករ
họa sĩ

អ្នកដុតនំ
thợ làm bánh

ជាងអគ្គីសនី
thợ điện

ជាងសំណង់
thợ xây dựng

វិស្វករ
kỹ sư

អ្នកកាប់សាច់
người hàng thịt

ជាងជួសជុលទុយោរទឹក
thợ sửa ống nước

អ្នករត់សំបុត្រ
người đưa thư

ទាហាន

người lính

ស្ថាបត្យករ

kiến trúc sư

បេឡា

nhân viên thu ngân

អ្នកលក់ផ្កា

người bán hoa

អ្នកអ៊ិតសក់

thợ cắt tóc

អ្នកយកលុយ

nhân viên soát vé

ជាងម៉ាស៊ីន

thợ cơ khí

កាពីទែន

thuyền trưởng

ពទ្យធ្មេញ

nha sĩ

អ្នកវិទ្យាសាស្ត្រ

nhà khoa học

គ្រូបង្រៀនច្បាប់សញ្ជាតិ
ជ្វីហរ័
giáo sĩ Do thái

លោកសង្ឃយចាម

lãnh tụ Hồi giáo

ព្រះសង្ឃ

nhà sư

បព្វជិត

mục sư

ឧបករណ៍

dụng cụ

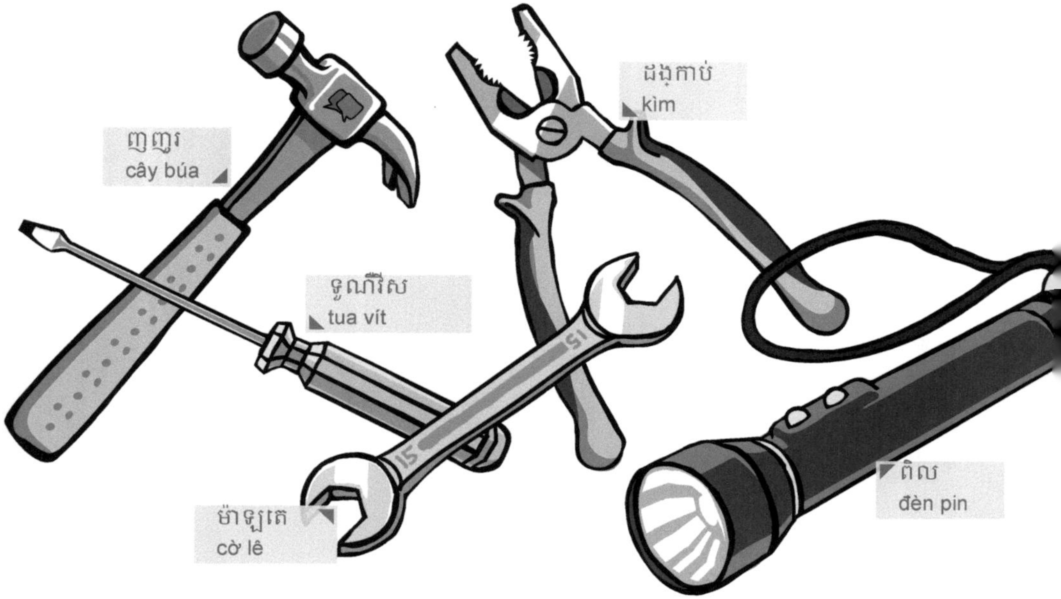
ញញួរ
cây búa
ដង្កាប់
kìm
ទួណឺវីស
tua vít
ម៉ាឡេត
cờ lê
ពិល
đèn pin

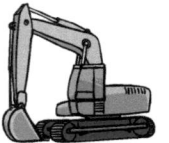

ម៉ាស៊ីនជីក
máy xúc đất

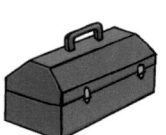

ប្រអប់ឧបករណ៍
hộp dụng cụ

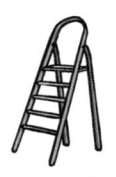

ជណ្ដើរ
cái thang

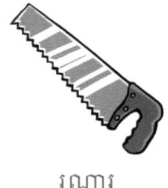

រណារ
cưa

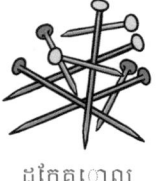

ដែកគោល
đinh

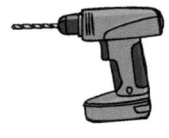

ប្រដាប់ស្វាន
máy khoan

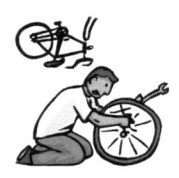

ជួសជុល

sửa chữa

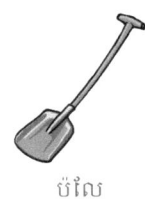

ប៉ែល

cái xẻng

ចង្រៃ!

khốn nạn!

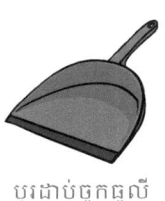

ប្រដាប់ចូកធូលី

cái hót rác

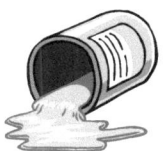

ធុងថ្នាំពណ៌

thùng sơn

វីស

vít

ឧបករណ៍តន្ត្រី

nhạc cụ

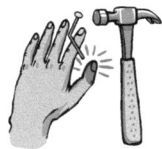

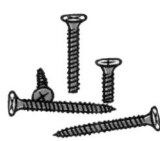

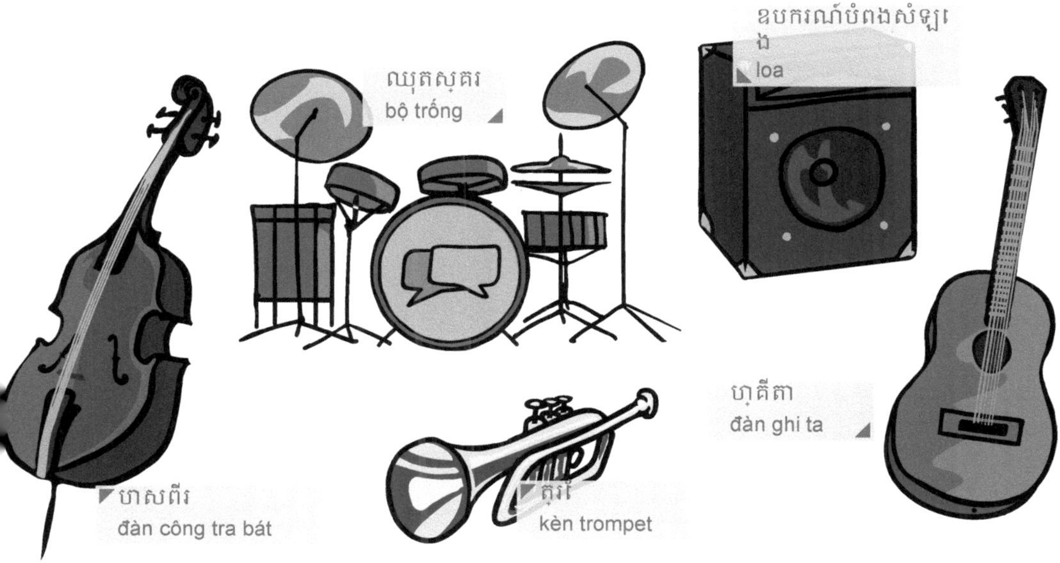
ឧបករណ៍បំពងសំឡេង
loa
ឈុតស្គរ
bộ trống
ហ្គីតា
đàn ghi ta
បាសពីរ
đàn công tra bát
ត្រែ
kèn trompet

ពុយាណូ

đàn piano

វីយ៉ូឡុង

đàn vĩ cầm

ហាស

ghi ta bass

ស្គុរពោសស្គុបកែមុយ៉ាង

trống định âm

ស្គុរ

trống

ម៉ិបត

đàn organ

សាក់ស៊ូហ្វូន

kèn Saxophone

ខ្លុយ

sáo

ម៉ិក្រូហ្វូន

micro

សួនសត្វ
vườn bách thú

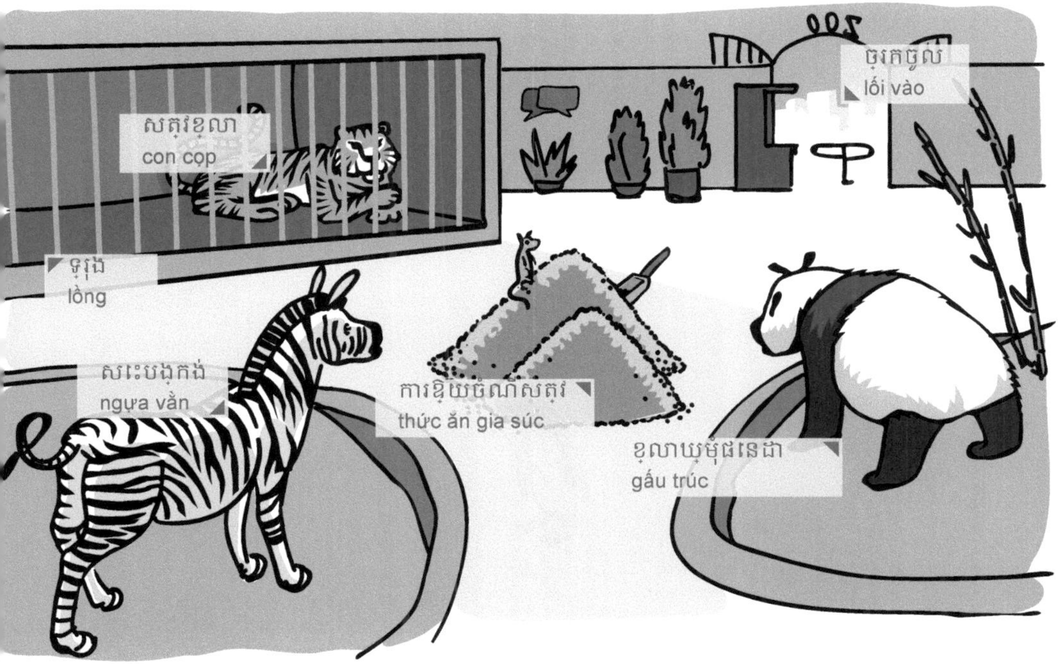
zoo
ច្រកចូល
lối vào
សត្វខ្លា
con cọp
ទ្រុង
lồng
សេះបង្កង់
ngựa vằn
ការឱ្យចំណីសត្វ
thức ăn gia súc
ខ្លាឃ្មុំផេនដា
gấu trúc

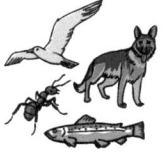

សត្វ

động vật

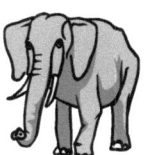

សត្វដំរី

con voi

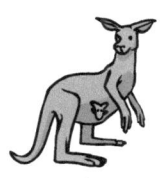

សត្វកង់ហ្គារូ

chuột túi

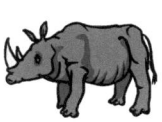

សត្វរមាស

tê giác

សត្វស្វាហ្គ័រីឡា

khỉ đột

ខ្លាឃ្មុំពណ៌ត្នោត

con gấu

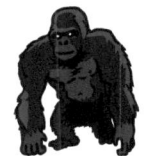

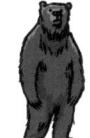

សត្វអូដ្ឋ

lạc đà

សត្វអូទ្រីស

đà điểu

សត្វតោ

sư tử

ស្វា

con khỉ

សត្វកុររៀល

hồng hạc

សកែ

con vẹt

ខ្លាឃ្មុំតំបន់ប៉ូល

gấu bắc cực

ជនេយ្យីន

chim cánh cụt

ត្រីឆ្លាម

cá mập

ក្ងោក

con công

សត្វពស់

con rắn

ក្រពើ

cá sấu

អ្នករក្សាសួនសត្វ

người trông giữ vườn bách thú

ឆ្មាទឹក

hải cẩu

ខ្លារខិនមួយយ៉ាង

báo đốm

កូនសេះ
ngựa lùn

ខ្លារខិន
con báo

សត្វដង់ទឹក
hà mã

សត្វករវៃ
hươu cao cổ

ផនទូរី
đại bàng

ជ្រូក
heo rừng

ត្រី
cá

អណ្តើកទឹក
con rùa

លេខាមមច្ចា
hải mã

កញ្ជ្រោងទោង
con cáo

ក្តាន់
linh dương

កីឡា
thể thao

កីឡាហាល់ទាត់អាមេរិក
bóng bầu dục Mỹ

ការបុរណាំងកង់
đua xe đạp

កីឡាថេនីស
quần vợt

កីឡាហាល់បុះ
bóng rổ

កីឡាហាលេទឹក
bơi

កីឡាបុរដាល
đấm bốc

កីឡាវាយកូនហាល់លើទឹកកី
khúc côn cầu trên băng

កីឡាហាល់ទាត់
bóng đá

កីឡាវាយសី
cầu lông

អត្តពលកម្ម
điền kinh

កីឡាហាល់កាន់
bóng ném

ការជិះស្គី
trượt tuyết

ប៉ូឡូ
polo

សកម្មភាពនានា
các hoạt động

សើច
cười
លោត
nhảy
ឱប
ôm
ដើរ
đi bộ
ច្រៀង
ca hát
សុបិន្ត
mơ
អធិស្ឋាន
cầu nguyện
ថើប
hôn

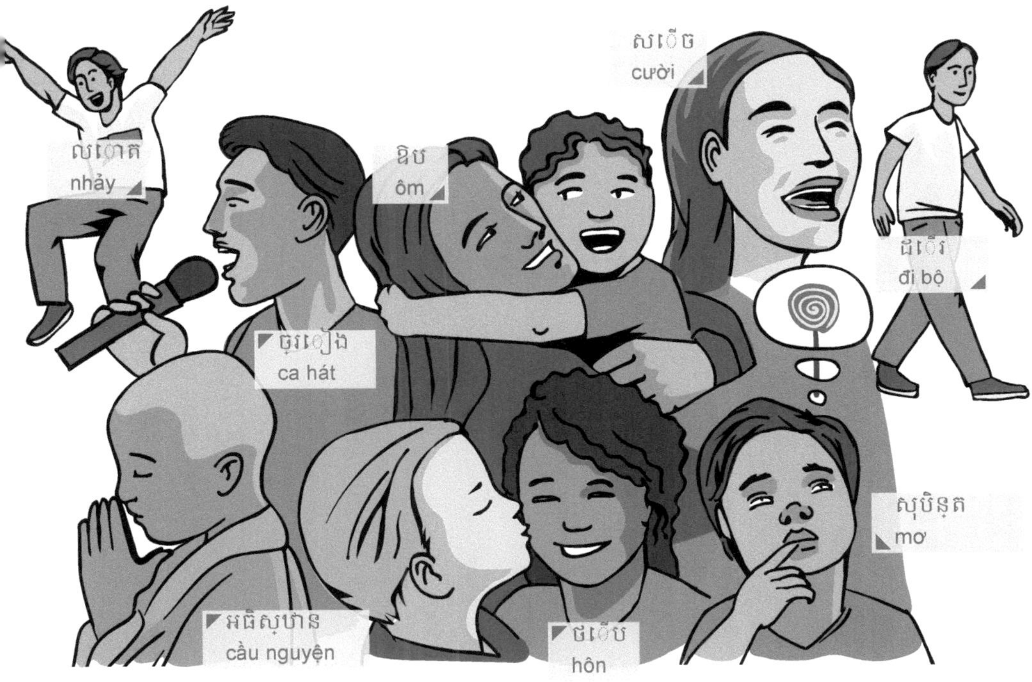

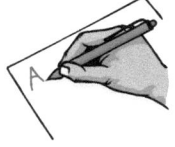

សរសេរ
viết

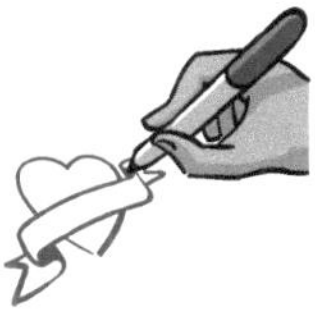

គូរ
vẽ

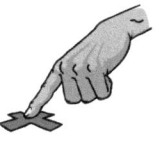

បង្ហាញ
chỉ trỏ

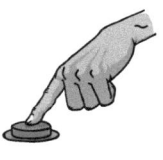

រុញ
đẩy

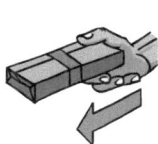

ឲ្យ
cho

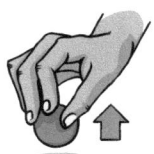

យក
lấy đi

មាន

có

ធ្វើ

làm

គឺ

thì / là

ឈរ

đứng

រត់

chạy

ទាញ

kéo

បោះ

ném

ធ្លាក់

rơi

កុហក

nằm

រង់ចាំ

chờ đợi

ឃ្យរ

mang vác

អង្គុយ

ngồi

សួលៀកពាក់

mặc quần áo

ដេក

ngủ

ក្ញាក់ឡ្ប�្រឺង

thức dậy

មើល

xem

យំ

khóc

គូសវាស

vuốt ve

សិតសក់

chải

និយាយ

nói chuyện

យល់

hiểu

សួរ

câu hỏi

ស្ដាប់

nghe

ផឹក

uống

បរិភោគ

ăn

សម្អាត

dọn dẹp

សុលោញ

yêu

ធ្វើម្ហូបអិន

nấu nướng

បើកបរ

lái xe

ហោះ

bay

ចកែទូក

đi thuyền buồm

គណនា

tính toán

អាន

đọc

រៀន

học

ធ្វើការ

làm việc

រៀបការ

cưới

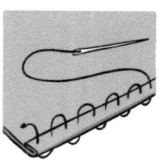

ដរ

khâu vá

ដុសធ្មេញ

đánh răng

សម្លាប់

giết

ជក់

hút thuốc

ផ្ញើ

gửi đi

ក្រុមគ្រួសារ

gia đình

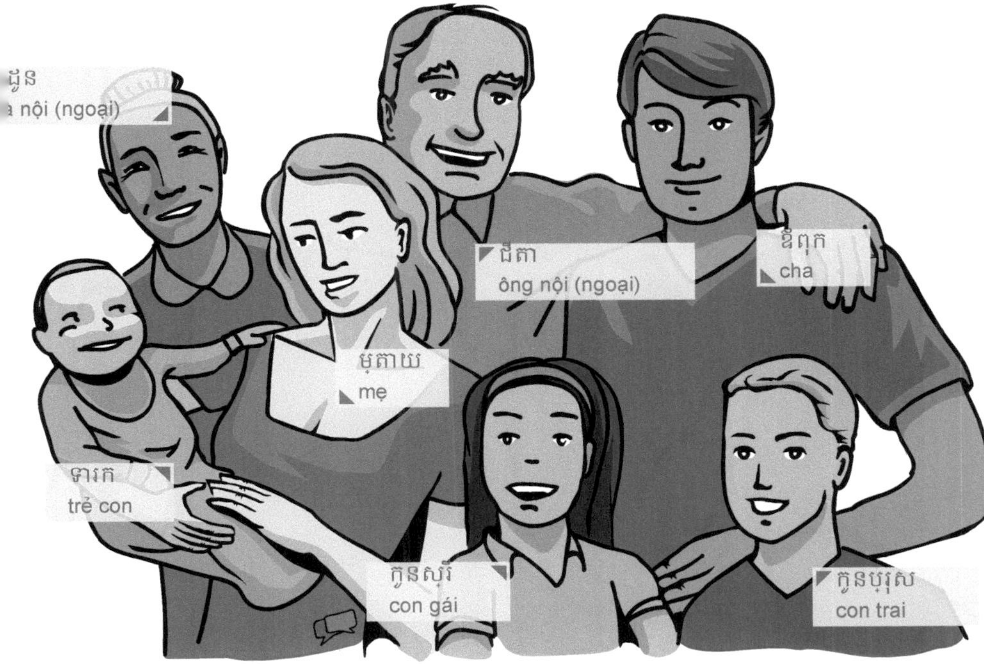
ដូន
nội (ngoại)
ជីតា
ông nội (ngoại)
ឪពុក
cha
ម្តាយ
mẹ
ទារក
trẻ con
កូនស្រី
con gái
កូនប្រុស
con trai

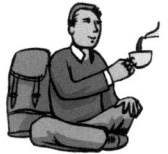

ភ្ញៀវ

khách

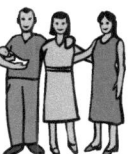

មីង

cô (dì)

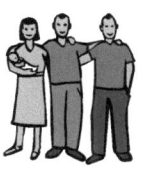

ពូ

chú, bác (cậu)

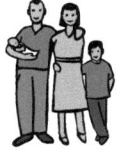

បងប្អូនប្រុស

anh (em) trai

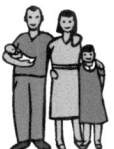

បងប្អូនស្រី

chị (em) gái

ថ្ងាស
trán

ភ្នែក
mắt

ស្មា
vai

មុខ
mặt

មុខមជ្ឈៃ
ngón tay

ចង្កា
cằm

ដៃ
bàn tay

សុដន់
ngực

ជើង
chân

ដៃ
cánh tay

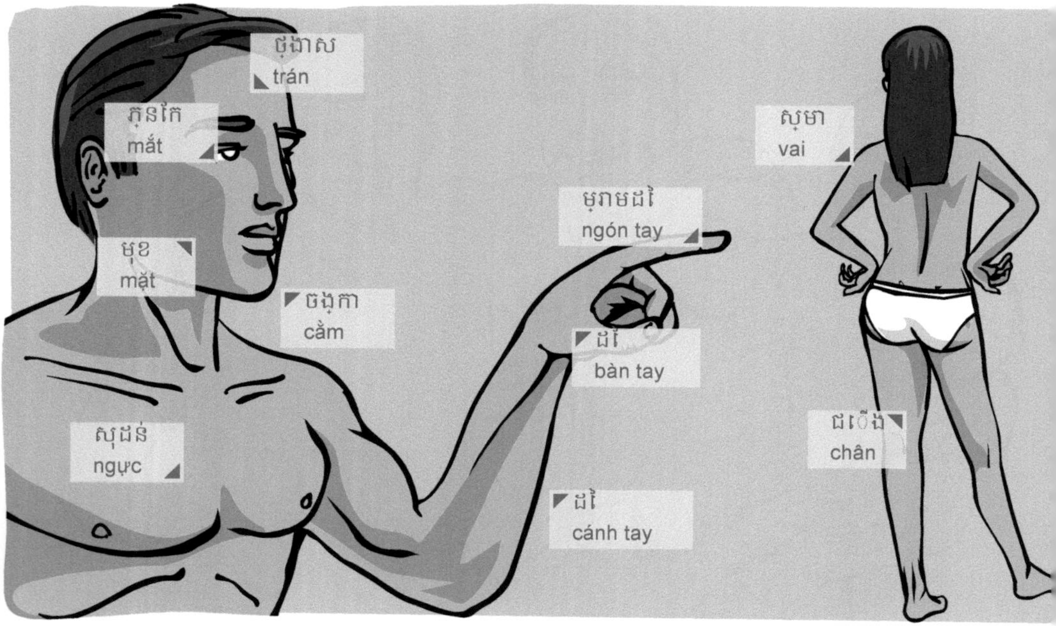

ទារក
trẻ con

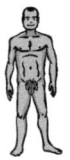
បុរស
đàn ông

ស្ត្រី
phụ nữ

ក្មេងស្រី
bé gái

ក្មេងបុរស
bé trai

ក្បាល
đầu

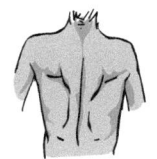

ខ្នង

lưng

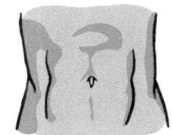

ពោះ

bụng

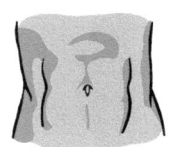

ផ្ចិត

rốn

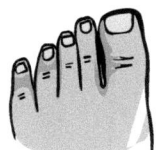

ម្រាមជើង

ngón chân

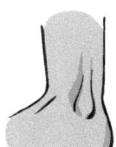

កែងជើង

gót chân

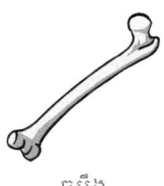

ឆ្អឹង

xương

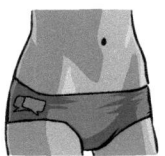

គូថតោក

hông

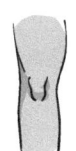

ជង្គង់

đầu gối

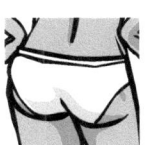

កែងដៃ

khuỷu tay

ច្រមុះ

mũi

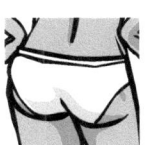

គូទ

mông

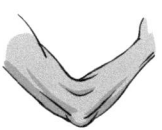

ស្បែក

da

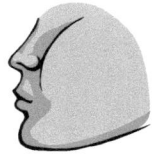

ថ្ពាល់

má

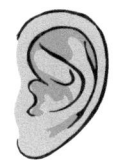

ត្រចៀក

tai

បបូរមាត់

môi

មាត់

miệng

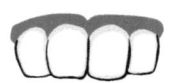

ធ្មេញ

răng

អណ្តាត

lưỡi

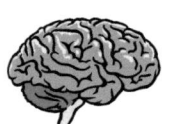

ខួរក្បាល

não

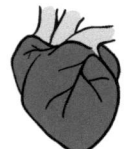

បេះដូង

tim

សាច់ដុំ

cơ bắp

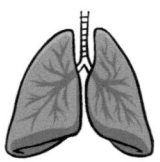

សួត

phổi

ថ្លើម

gan

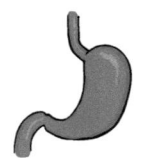

ក្រពះ

dạ dày

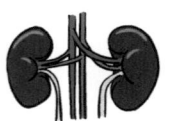

តម្រងនោម

thận

ការរួមភេទ

giao hợp

ស្រោមអនាម័យ

bao cao su

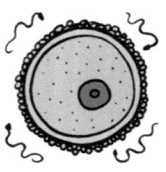

អូវុល

noãn

ទឹកកាម

tinh dịch

ការមានផ្ទៃពោះ

mang thai

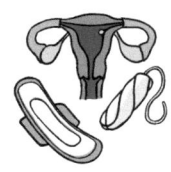

មករដូវ

kinh nguyệt

ទ្វារមាស

âm vật

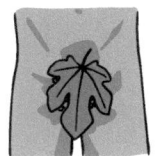

លិង្គ

dương vật

ចិញ្ចើម

lông mày

សក់

tóc

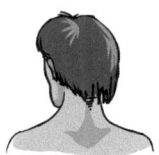

ក

cổ

មន្ទីរពេទ្យ
bệnh viện

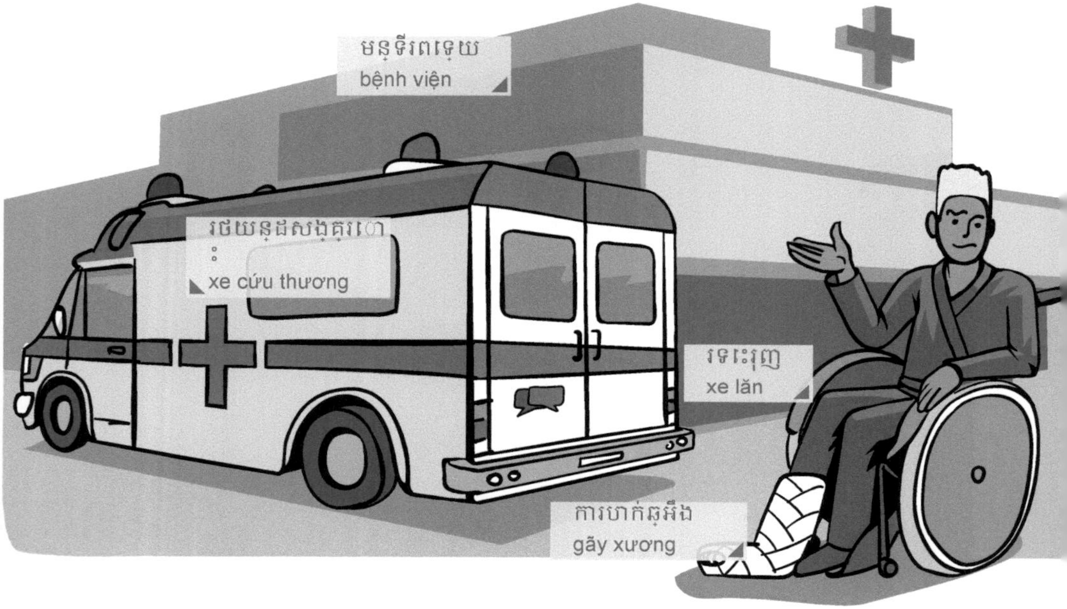

មន្ទីរពេទ្យ
bệnh viện
រថយន្តសង្គ្រោះ
xe cứu thương
រទេះរុញ
xe lăn
ការបាក់ឆ្អឹង
gãy xương

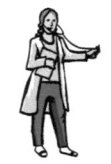

វេជ្ជបណ្ឌិត

bác sĩ

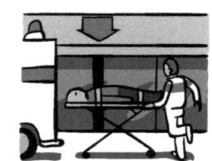

បន្ទប់សង្គ្រោះបន្ទាន់

phòng cấp cứu

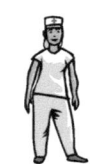

គិលានុបដ្ឋាយិកា

y tá

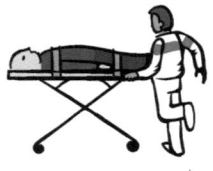

សង្គ្រោះបន្ទាន់

cấp cứu

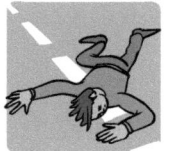

សន្លប់

bất tỉnh

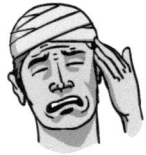

ការឈឺចាប់

cơn đau

ការរងរបួស
bị thương

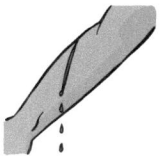

ការហូរឈាម
chảy máu

គាំងបេះដូង
nhồi máu cơ tim

ដុំឈាមជាប់សរសៃឈាមក្នុងក្បាល
đột quỵ

អាលែកហ្ស៊ី
dị ứng

ក្អក
ho

ជំងឺគ្រុន
sốt

ជំងឺផ្តាសាយ
cúm

ជំងឺរាគ្រូស
tiêu chảy

ឈឺក្បាល
đau đầu

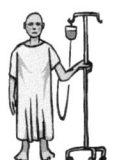

ជំងឺមហារីក
ung thư

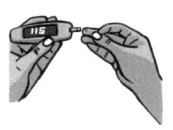

ជំងឺទឹកនោមផ្អែម
bệnh tiểu đường

គ្រូពេទ្យវះកាត់
bác sĩ phẫu thuật

កាំបិតវះកាត់
dao mổ

ប្រតិបត្តិការ
giải phẫu

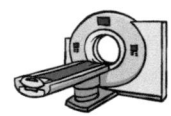

CT

chụp cắt lớp

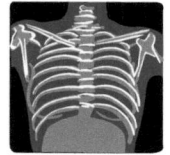

កាំរស្មីអ៊ិច

chụp x-quang

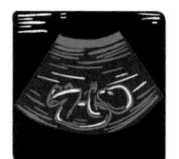

អេកូ

siêu âm

របាំងមុខ

mặt nạ

ជំងឺ

bệnh

រង់ចាំបន្ទប់

phòng đợi

ឈើច្រត់

cái nạng

មុនាងសិលា

băng dán vết thương

បង់រុំ

băng bó

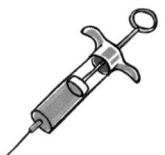

ការចាក់ថ្នាំ

tiêm thuốc

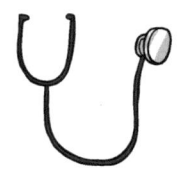

ស្ដរស្គប

ống nghe khám bệnh

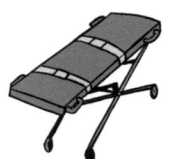

សូនដៃរបូស

băng ca

ទែម៉ូម៉ែត្រពេទ្យាហាល

nhiệt kế

កំណើត

sinh đẻ

លើសទមួងន់

thừa cân

ឧបករណ៍ជំនួយការស្តាប់
máy trợ thính

សារធាតុសម្លាប់មេរោគ
chất khử trùng

ការឆ្លងមេរោគ
nhiễm trùng

មេរោគ
vi rút

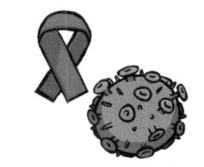

មេរោគអេដស៍ / ជំងឺអេដស៍
HIV / AIDS

ថ្នាំពេទ្យ
thuốc

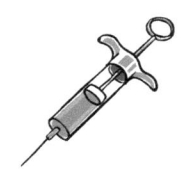

ការចាក់ថ្នាំបង្ការ
tiêm chủng

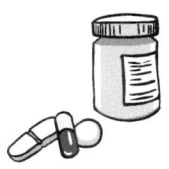

ថបេ្បុលិត
thuốc viên

ថ្នាំគ្រាប់
viên thuốc

ការហៅពេលអាសន្ន
gọi cấp cứu

ឧបករណ៍ពិនិត្យសម្ពាធ
ឈាម
máy đo huyết áp

ឈឺ / មានសុខភាពល្អ
bệnh / khỏe mạnh

ជំនួយ!

cứu!

សំឡេងរោទ៍

báo động

ការវាយលុក

cuộc đột kích

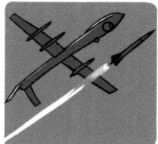

ការវាយប្រហារ

sự tấn công

គ្រោះថ្នាក់

mối nguy hiểm

ច្រកចេញគ្រោះអាសន្ន

lối thoát hiểm

អគ្គីភ័យ!

cháy!

បំពង់ពន្លត់អគ្គិភ័យ

bình chữa cháy

គ្រោះថ្នាក់

tai nạn

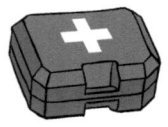

ឧបករណ៍ជំនួយបឋម

bộ dụng cụ sơ cứu

SOS

SOS

ប៉ូលិស

cảnh sát

អឺរ៉ុប

châu Âu

អាមេរិកខាងជើង

Bắc Mỹ

អាមេរិកខាងត្បូង

Nam Mỹ

អាហ្វ្រិក

châu Phi

អាស៊ី

châu Á

អូស្ត្រាលី

châu Úc

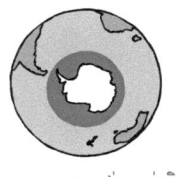

អាត្លង់ទិច

Đại Tây Dương

ប៉ាស៊ីហ្វិក

Thái Bình Dương

មហាសមុទ្រវណ្ឌា

Ấn Độ Dương

មហាសមុទ្រអង់តាក់ទិច

Nam Cực Dương

មហាសមុទ្រអាកទិច

Bắc Băng Dương

ប៉ូលខាងជើង

bắc cực

ប៉ូលខាងត្បូង

nam cực

អង់តាក់ទិក

nam cực

ផែនដី

trái đất

ដីគោក

đất liền

សមុទ្រ

biển

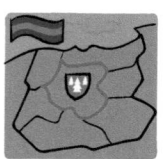

កោះ

đảo

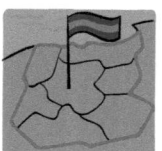

បុរទេសជាតិ

quốc gia

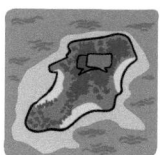

រដ្ឋ

nhà nước

មុខនាឡិកា

mặt đồng hồ

ទ្រនិចម៉ោង

kim chỉ giờ

ទ្រនិចនាទី

kim chỉ phút

ទ្រនិចវិនាទី

kim chỉ giây

ម៉ោងប៉ុន្មាន?

Bây giờ là mấy giờ?

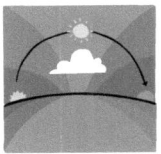

ថ្ងៃ

ngày

ពេលវេលា

thời gian

ឥឡូវនេះ

bây giờ

នាឡិកាឌីជីថល

đồng hồ điện tử

នាទី

phút

ម៉ោង

giờ

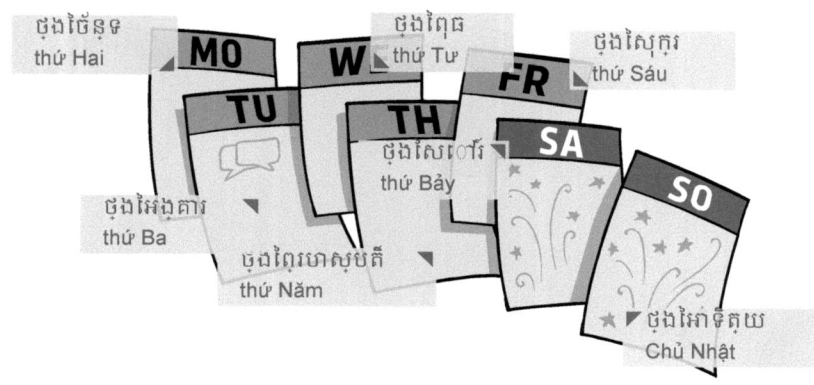

ចុងថ្ងៃនុទ
thứ Hai

ចុងព្រុធ
thứ Tư

ចុងសុក្រ
thứ Sáu

ចុងអង្គារ
thứ Ba

ចុងសេ...វ៉
thứ Bảy

ចុងព្រហស្បតិ៍
thứ Năm

ចុងអាទិត្យ
Chủ Nhật

មុសិលមិញ

hôm qua

ចុងនៃរៈ

hôm nay

ចុងសុអកែ

ngày mai

ព្រឹក

buổi sáng

ចុងត្រង់

buổi trưa

ល្ងាច

buổi tối

MO	TU	WE	TH	FR	SA	SU
1	2	3	4	5	6	7
8	9	10	11	12	13	14
15	16	17	18	19	20	21
22	23	24	25	26	27	28
29	30	31	1	2	3	4

ចុងថ្ងៃ...ការ

ngày làm việc

MO	TU	WE	TH	FR	SA	SU
1	2	3	4	5	6	7
8	9	10	11	12	13	14
15	16	17	18	19	20	21
22	23	24	25	26	27	28
29	30	31	1	2	3	4

ចុងសប្តាហ៍

cuối tuần

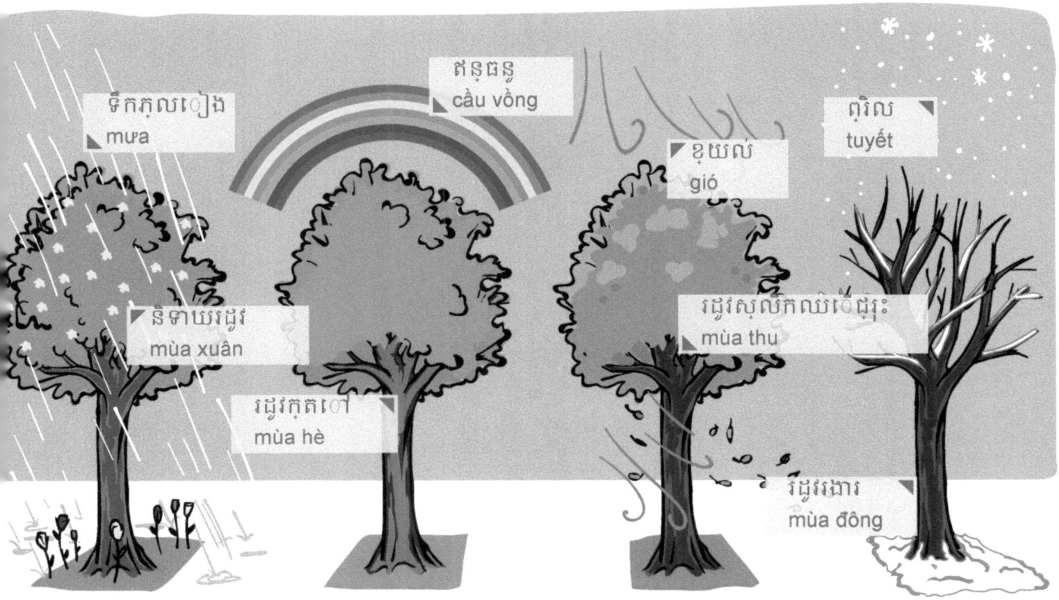

ទឹកភ្លៀង
mưa
ឥន្ទធនូ
cầu vồng
ខ្យល់
gió
ព្រិល
tuyết
និទាឃរដូវ
mùa xuân
រដូវក្តៅ
mùa hè
រដូវស្លឹកឈើជ្រុះ
mùa thu
រដូវរងារ
mùa đông

4.APRIL 11°
5.APRIL 4°
6.APRIL 13°
7.APRIL 8°
8.APRIL 10°

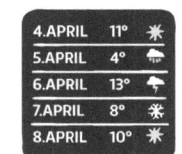

ការព្យាករណ៍អាកាសធាតុ

dự báo thời tiết

F C
120 90 60 30 0 -30
40 30 20 10 0 -10 -20

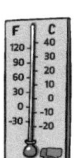

ទែម៉ូម៉ែត្រ

nhiệt kế

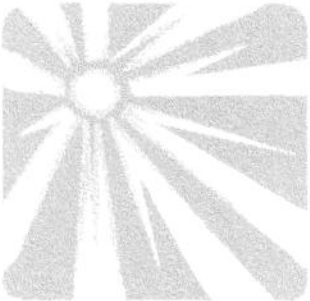

ពន្លឺថ្ងៃ

ánh nắng

ពពក

mây

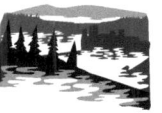

អ័ព្ទ

sương mù

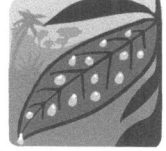

សំណើម

độ ẩm không khí

រន្ទះ

tia chớp

ផ្គរ

sấm sét

ព្យុះ

cơn bão

ព្រិល

mưa đá

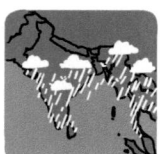

ខ្យល់មូសុង

gió mùa

ទឹកជំនន់

lũ lụt

ទឹកកក

nước đá

ខែមករា

tháng Một

ខែកុម្ភៈ

tháng Hai

ខែមីនា

tháng Ba

ខែមេសា

tháng Tư

ខែឧសភា

tháng Năm

ខែមិថុនា

tháng Sáu

ខែកក្កដា

tháng Bảy

ខែសីហា

tháng Tám

ឆ្នាំ - năm

ខែកញ្ញា

tháng Chín

ខែតុលា

tháng Mười

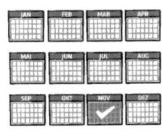

ខែវិច្ឆិកា

tháng Mười Một

ខែធ្នូ

tháng Mười Hai

រាង

hình dạng

រង្វង់

hình tròn

ការ៉េ

hình vuông

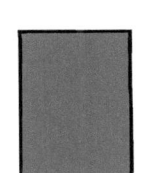

ចតុកោណកែង

hình chữ nhật

ត្រីកោណ

hình tam giác

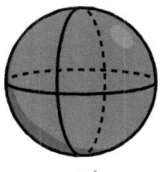

ស៊្វែរ

hình cầu

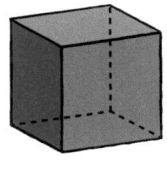

គូប

khối vuông

ពណ៌ស

màu trắng

ពណ៌លឿង

màu vàng

ពណ៌ទឹកក្រូច

màu cam

ពណ៌ផ្កាឈូក

màu hồng

ពណ៌ក្រហម

màu đỏ

ពណ៌ស្វាយ

màu tím

ពណ៌ខៀវ

màu xanh dương

ពណ៌បៃតង

màu xanh lá cây

ពណ៌ទឹកក្រូច

màu nâu

ពណ៌ប្ររផះ

màu xám

ពណ៌ខ្មៅ

màu đen

ចុរ្រេន / តិចតួច

nhiều / ít

ខឹង / គ្រជាក់ចិត្ត

tức tối / điềm tĩnh

សួរស់សួអាត / អាក្រក់

xinh đẹp / xấu xí

ចាប់ផ្តុគ្តេើម / បញ្ចប់

bắt đầu / kết thúc

ធំ / តូច

to / nhỏ

ភ្លឺ / ងងឹត

sáng / tối

បងប្អូនប្រុស / បងប្អូនស្រី

anh (em) trai / chị (em) gái

សួអាត / កខ្វក់

sạch / bẩn

ពេញលេញ / មិនពេញលេញ

đủ / thiếu

ថ្ងៃ / យប់

ngày / đêm

សួលាប់ / នរ្ៅវស់

chết / sống

ធំទូលាយ / គូចចង្អៀ្ៀត

rộng / chật hẹp

អាចបរិភោគតហាន /
មិនអាចបរិភោគតហាន

ăn được / không ăn được

ចិត្តអាក្រក់ / ចិត្តល្អ

ác / tử tế

ការរំភើប / អផ្សុក

hào hứng / chán nản

ធាត់ / ស្គម

béo / gầy

ដំបូង / ចុងក្រោយ

đầu tiên / cuối cùng

មិត្តភក្តិ / សត្រូវ

bạn / thù

ពេញ / ទទេ

đầy / rỗng

រឹង / ទន់

cứng / mềm

ធ្ងន់ / ស្រាល

nặng / nhẹ

ភាពអត់ឃ្លាន /
ការស្រេកឃ្លាន

đói / khát

ឈឺ / មានសុខភាពល្អ

bệnh / khỏe mạnh

ខុសច្បាប់ / ត្រូវច្បាប់

bất hợp pháp / hợp pháp

ឆ្លាតវៃ / ឆ្កួត

thông minh / ngu

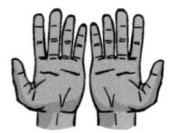

ឆ្វេង / ស្តាំ

trái / phải

ជិត / ឆ្ងាយ

gần / xa

ស្បែកជើង / ហានប៊ុរេ

mới / cũ

គ្មានអ្វីសោះ / អ្វីម្មួយ

không có gì cả / có cái gì đó

ចាស់ / ក្មេង

già / trẻ

បើក / បិទ

bật / tắt

បើក / បិទ

mở / đóng

ស្ងប់ស្ងាត់ / ឃ្លួលាំង

im lặng / ồn ào

មាន / ក្រ

giàu / nghèo

ត្រូវ / ខុស

đúng / sai

គ្រើម / លៀង

sần sùi / mịn màng

ពិបាកចិត្ត / សប្បាយចិត្ត

buồn / vui

ខ្លី / វែង

ngắn / dài

យឺត / លឿន

chậm / nhanh

សើម / ស្ងួត

ẩm ướt / khô ráo

ក្តៅ / ត្រជាក់

ấm áp / mát mẻ

សង្គ្រាម / សន្តិភាព

chiến tranh / hòa bình

0

សូន្យ

số không

1

មួយ

một

2

ពីរ

hai

3

បី

ba

4

បួន

bốn

5

ប្រាំ

năm

6

ប្រាំមួយ

sáu

7

ប្រាំពីរ

bảy

8

ប្រាំបី

tám

9

ប្រាំបួន

chín

10

ដប់

mười

11

ដប់មួយ

mười một

12
ដប់ពីរ
mười hai

13
ដប់បី
mười ba

14
ដប់បួន
mười bốn

15
ដប់ប្រាំ
mười lăm

16
ដប់ប្រាំមួយ
mười sáu

17
ដប់ប្រាំពីរ
mười bảy

18
ដប់ប្រាំបី
mười tám

19
ដប់ប្រាំបួន
mười chín

20
ម្ភៃ
hai mươi

100
រយ
một trăm

1.000
ពាន់
một ngàn

1.000.000
លាន
một triệu

អង់គ្លេសេ

tiếng Anh

អង់គ្លេសេអាមេរិក

tiếng Anh Mỹ

ចិនកុកងឺ

tiếng Quan Thoại

ហិណ្ឌូខ

tiếng Hin-di

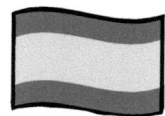

អេស្ប៉ាញ

tiếng Tây Ban Nha

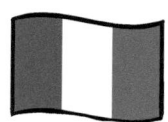

ហារ៉ាំង

tiếng Pháp

អារ៉ាប់

tiếng Ả-rập

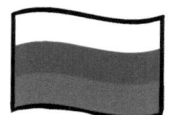

រុស្សី

tiếng Nga

ព័រទុយហ្គាល់

tiếng Bồ Đào Nha

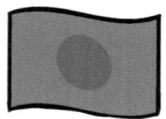

បង់គ្លាដេស

tiếng Bengal

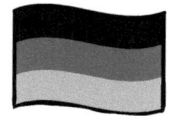

អាល្លឺម៉ង់

tiếng Đức

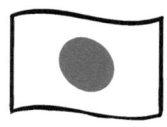

ជប៉ុន

tiếng Nhật

ខ្ញុំ

tôi

អ្នក

bạn

គាត់ / នាង / វា

anh ta / cô ta / nó

យេើង

chúng tôi

អ្នក

các bạn

ពួកគេហោន

họ

នរណា?

ai?

អ្វី?

cái gì?

របៀបណា?

như thế nào?

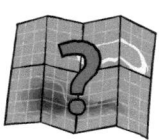

កន្លែងណា?

ở đâu?

ពេលណា?

lúc nào?

ឈ្មោះ

tên

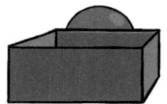

ពីក្រោយ

phía sau

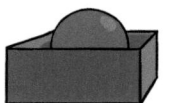

ក្នុង

ở trong

ពីមុខ

phía trước

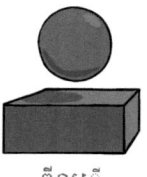

ពីលើ

phía trên

នៅលើ

ở trên

នៅក្រោម

ở dưới

នៅក្បែរ

bên cạnh

រវាង

ở giữa

កន្លែង

chỗ